仕事も人間関係も
うまくいく

大人の気づかい

坂東眞理子

はじめに

みなさんは、「気づかい」というとどんなイメージを持ちますか？

「女性がするもの」「部下が上司にするもの」、あるいは、「接客業の人がお客さまに対してするもの」など、いろいろな考え方があるでしょう。


このような「気づかい」をテーマにした本を書くと、私自身があたかも「気づかいの達人」のように思われるかもしれません。

じつは、私は「あまり気がつかないタイプ」なのです。

「気づかい上手ではない」といつも反省しています。

そう思うのは、私の周りには本当に気づかい上手な人が多いからです。

「あら、やっておいてくれたの。ありがとう、助かったわ」

と思うことがよく起こります。

「あら、いけない。しなければいけないことを忘れていたわ！」

という私とは対照的です。

いろいろな仕事をしていると、「ついうっかり」ということがあります。

しかし、私の周囲にいるスタッフは、みんなさりげなく私を助けてくれます。そういった気づかい上手の人たちのおかげで、仕事が円滑に回っているといっても過言ではありません。

誰しも若いときは、自分を中心にものを考えがちです。しかし、職場に入れば、「自分が、自分が」という主張は通りません。

「仕事をする」ということは、「自分がチームの一員として役割を果たす」ということ。20代であれば、20代の役割があります。30代、40代、50代になれば、その年代なりの役割を求められるのです。

仕事は結果を出すことが求められます。そのため、チームが心を一つにして結果を出すために仕事をする、それが「職場」という場所です。

しかし、ただ「自分の仕事だけをしていればいい」というものではありません。チームである以上、周囲の人が仕事をしやすいようにしないといけません。

それぞれの個性や適性を発揮して仕事の効率を高める、その潤滑油になるものが「気づかい」なのです。

「気づかい」とは、大げさなものではありません。ほんのちょっとしたことです。ただし、「気づかい」をするには、周りをよく見る必要があります。

本書では、私が仕事をしてきたなかで自分がしてもらった「気づかい」、あるいは自分が気づかされた「気づかい」を具体的な事例とともに紹介します。職場だけでなく、家族や親戚など身近な人への「気づかい」も紹介しています。

この本に書いてあるすべてを実行することは難しいし、する必要もありません。ただ、「こんな考え方もあるんだ」と心の片隅にでも置いてください。いつか役立つときが来るかもしれません。

この本によって、あなたの仕事や人間関係に関する悩みが少しでも解消すれば、著者として望外の幸せです。

坂東眞理子

目次

第1章 仕事をする基本の気づかい

第2章 理想の部下になるための気づかい

第3章 相手のやる気を引き出す気づかい

第4章

気持ちを伝える気づかい

第5章

身近な人への気づかい

第1章

仕事をする基本の気づかい

仕事をするとき、最低限踏まえておきたいことは、何でしょうか。ここでは仕事に向き合う基本の気づかいを紹介します。

001

社会人として働くゴールデンルールは、「挨拶」「時間を守る」「約束を守る」の三つ

社会人として仕事をするときの基本の「ゴールデンルール」とは何でしょうか。

私は、

「挨拶をする」

「時間を守る（遅刻しない）」

「約束を守る」

の三つだと思います。

「何だ、当たり前の事じゃないか」と思われる人もいるかも知れません。

じつは「優秀だ」といわれる人は、この三つがきちんとできており、その上で仕事の

成果を出している人なのです。逆にいえば、この三つができない人は仕事が任せられない、ゆえに評価される機会が少なくなる、だから成果も上がらないのです。

一つ一つ説明をしていきましょう。まず、挨拶です。朝、元気よく「おはようございます」というと、気持ちのいいスタートが切れます。上司や仲間に対して、「お疲れさまです」「お先に失礼します」「ありがとうございます」というのは、社会人の基本です。これらの言葉は、自然に口から出るように身につけてほしいもの。それも相手に伝わるように、大きな声でいいましょう。

「自分から先に挨拶すること」を心がけよう

最近の若者のなかには、「相手が挨拶をしてきたら返すが、自分から先には挨拶しない」という人もいるようです。理由は、学校では「先生が先に挨拶をしてから、学生が挨拶を返すというのが普通だから」とのこと。

そのため、挨拶は自分から先にするものではない、と思っていたといいます。少子化により、学生数が少なくなっているため、学校側が学生を「お客さま扱い」してそのようなことが起きているのだとか。もし、あなたが入社して数年以内の若手社員であれば、とにかく「自分から先に挨拶すること」を心がけましょう。

大きな会社であれば、自分の部署以外の顔見知りの人と廊下ですれ違ったり、エレベーターで乗り合わせることもあるでしょう。そんなときは、軽く会釈を。意外と人は見ているものです。異動でいつ一緒の職場になるかもわかりません。

「時間を守る」というのは、「遅刻しない」ということ。朝は遅刻しないで出社する、電車の遅延などでやむを得ず遅れるときは速やかに連絡を入れる、会議や打ち合わせの席にも遅刻しない、ということです。いくら気の利いたことがいえても、遅刻をすると、「何だ、あいつは」ということになります。

「約束を守る」というのは、頼まれた仕事をきちんと仕上げる、期日を指定されたらその期日までに仕上げるということです。簡単なことのように思えますが、きちんとできる人は意外と少ないものです。きちんとこなす人は、周囲から信用されます。また、「あの子はまじめだからこの仕事をまかせてみよう」と上司も思うものです。

さらにいえば、会社を頻繁に休まないことも大事です。

「一流といわれる大学を卒業していて、着手すると仕事は早い。でもいかんせん遅刻や欠勤が多い」

という部下よりも、

「能力は普通だけれど、真面目で無遅刻・無欠勤」なほうが、上司にとってはありがたい部下なのです。

遅刻や欠勤が多いと、急に予定外の仕事が上司にきたとき、部下は席にいないことが多いもの。早い話が「当てにならない」のです。

そんな人に大事な仕事を頼む上司はいません。「あいつはまた休んでいる」と、頼む気すらなくなるでしょう。そのような人は今の部署に居場所をなくすため、いずれ何か理由をつけてほかの部署に異動させられると思います。もし、あなたが「上司から評価されていない」と感じているなら、この普通のことがきちんとできているか、一度、自分を振り返ってみてください。

「挨拶」「時間を守る」「約束を守る」
この三つができれば、信用され、
仕事もまかせられるようになる。
自分の評価に疑問があるときは、
この基本を振り返ってみよう。

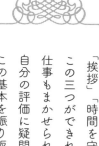

002

職場では最初は「個性」はいらない。まずは「型」を大事にするとよい

あなたは、どんなファッションが好きですか？

服装や髪形は自分の個性を表現する一つの手段です。しかし、職場は仕事をする舞台です。その舞台で「一般社員」「主任」という役割を演じるのが、あなたの仕事。

ですから、服装などの外見は、職場ごとのルールや基準に合わせるべきです。

たとえば公務員や銀行など堅い職場であれば、それが流行だとしても太腿があらわになるようなミニスカート、へそ出しルック、着古したような加工をしたジーンズなどは、カジュアルすぎてふさわしくありません。

一方、あなたがファッション業界で働いているならば、その時々の流行を上手に取り入れることが求められるでしょう。

いちがいに、「この服装はダメ」というのではなく、それぞれの職場・職種による許容水準があるということです。

仕事をする時間に着る服は自分の好みではなく、職場ごとのドレスコードを優先することです。その職場のドレスコードに合わせた服装をすることが、「その仕事をやる」「職場の期待する役割を果たす」という意志表明になるのです。

好きな洋服は休日に楽しめばいい

公務員時代、職場の服装の基本ルールは、スーツで上着着用でした。周囲はチャコールグレーとか、ベージュのスーツを着て、地味めでした。

私の好みは明るい色のスーツでしたので、少し派手めなほうだったかもしれません。

それは自分には、地味な色よりもピンクのような明るい色のほうが似合い、映えると思っていたからです。多少そういった工夫を取り入れていましたが、服装としては職場の許す範囲を超えていなかったつもりです。

おしゃれであること、服装のセンスがいいことは、相手によい印象を与えるので、仕事上でもプラスになると思います。

しかし、「自分の好きな服装をする」「他人より目立つ個性的な格好をする」ことが、おしゃれではありません。

目立つ服装をすると、周囲の人から覚えてもらいやすいかもしれません。でもその目立つ服装を「派手だ」「何だか浮いている」と心よく思わない人もいるでしょう。

「仕事もろくにできないクセに、外見ばかり気にしている」という陰口の種になるかもしれません。初対面の相手に「目立ちたがりなんだな」など、余計な先入観を持たれる心配もあります。

ですから最初は「型」＝「職場のドレスコード」に従うほうが無難なのです。

その「型」をしっかり身につけて職場での信頼を得たら、アクセサリーやスカーフなどの小物をプラスするなど、さりげない方法で自分らしさを表現するとよいでしょう。

職場で個性を発揮するのは、さらにポジションが上がり、職場内での地位が確立してから。自分らしいおしゃれを楽しむには、まず「仕事で評価されたあと」です。

もし、自分の好きな服装を楽しみたいなら、休日やデートなどプライベートのときに思いきり楽しんでください。

いつもきちんとしたスーツで決めている、美しいマナー講師がいました。彼女の仕事は、新入社員に名刺の渡し方やお辞儀の仕方などのビジネスマナーを教えること。

ビジネスマナーの研修で、服装の話になったとき、彼女は生徒に向かい、「みなさんは社会人となったのですから、職場の要求するきちんとした服装をしてください。好きな服装は休日に楽しむように」という指導をしていました。

あとで聞いたところ、意外にも彼女は私服は「豹柄が大好き」とのこと。休日になるたび、豹柄のミニスカートを着て楽しんでいるといいます。「こんなに上品できれいな人が豹柄？」と驚きましたが、彼女のように自分の役割をわきまえ、オンとオフと切り替えましょう。

服装はまずは職場の「型」を
身につけ、徐々に自分らしさを
加えていきましょう。
「型」がしっかりしていないと
周囲の人からの信頼は得られません。

003

「それは私の仕事ですか？」は、自らの成長の機会を逃す悪魔の言葉

長らく日本では、入社したら定年まで一つの会社に勤める一社勤続志向が強くありました。しかし、近年はより仕事の内容にこだわる専門職志向が高まっています。すでに職に就いている人たちだけでなく、学生たちの就職活動においても顕著な傾向です。

自分がこれまで学んだり、経験してきたりしたことを仕事に活かしたいと考えることは、悪いことではありません。

しかし、実際に組織の中で働いたことのある人なら誰もが多かれ少なかれ、「自分のやりたい仕事と与えられる仕事には差がある」ということを経験しているのではないでしょうか。

新入社員が「大学で学んだ専攻を仕事で活かしたい」などと上司に訴えても、「では、

あなたの希望する部署に配属しましょう」なんていうことは、実社会ではまずありえません。しかし若いころは誰しも身の程知らずで、生意気です。私も20代のころは、上司から見れば、「プライドだけは高い、使えない部下」だったと思います。

今も昔も、新人が経験する仕事の代表がコピー取りです。今のコピー機は非常に便利ですね。書類をコピーするだけでなく、複数ページの書類は一部ずつきちんと揃った状態で出力され、その上ホッチキス止めまでやってくれます。

しかし、私が新人の頃に普及していたコピー機はもっと原始的。コピーしたばかりの用紙は濡れていて、乾く前に重ねると紙同士がくっついてしまうため、紙をきちんと乾かしてから束ねる決まりでした。

私はコピーした書類を十分乾かさないまま重ねてしまったり、ホッチキスで書類を綴じると、なぜか1枚だけ上下逆さまになっていたり。たまたまその書類が一番偉い人のところに行ってしまったことがありました。

当時、私は20代だったため、「ミスをする自分も悪いけど、つまらない仕事だ」と思っていました。たとえば、「どうして上司は私に、不得意なことばかりさせるのだろう」「優秀な上司なら、部下の長所を引き出すような仕事を与えるべきだ」と。もっといえば、「私は未熟なのをわかっているから、ちゃんと育ててくれればいいのに」とさえ考えていました。

みなさんも、「自分に向いている仕事を与えてくれれば、もっと成果を出せるのに」と思っていませんか？　でもそんな不満を持つのは、とてももったいないことです。

苦手な仕事を与えられたら、「チャンス！」と考えよう

日本の一般企業では、どんな業務もある程度そつなくこなせることが求められます。デザイナーやイラストレーターなどのクリエーターや、個人の能力が大きくものをいうベンチャー企業は別として、企業が求めるのはオール5でなくてもいいから、ある部分において1や2という飛び抜けて低い点数を取らないこと、つまり大きな欠点がない社員です。平均点がとれた上で、初めて「個性」という話になり、その人でなければできないことが求められるのです。

自分の不得意な仕事や自分が望まない業務を与えられたときに、「それは私の仕事ですか？」といったり、「私には無理です」「忙しくて、そこまでできません」と断る人がいます。でも苦手だからと断っていたら、40才や50才になっても、あなたの弱点として残ってしまいます。若い年代で、「それはできません」と仕事を断るのは、自分で自分

の可能性を狭めていることに他ならないのです。

今までやったことがない仕事を与えられたり、自分ではできない、不得意だと思っている仕事を与えられたりしたら、「お給料をもらいながら、新しいことを覚えるチャンス！」「欠点克服のいい機会を与えられた。できることが一つ増える」と発想を切り替えて、積極的に取り組んでみてください。

仕事には適性があります。自分が好きな仕事に適性があるとは限らず、実は自分が苦手だと思っていたことに適性がある場合もあるのです。若いうちは与えられた仕事をやってみて、その上でもし「やっぱりこういう業務は自分は苦手」と思ったとしてもOK。その経験は必ず後々生きてくるはず、無駄になることは絶対ありません。

苦手な仕事を与えられたら、
「新しいことを覚えるチャンス」、
と前向きに受け止めて一度、挑戦を。
苦手だと思いこんでいたことに
自分の適性があるかもしれません。

004

職場はあくまで「仕事をする場所」。人の好き嫌いをいわないのがルール

「うちの部長は意地悪で、能力がないので尊敬できない。だから部下はみんなやる気が出ないし、結果も出せない」

「いくらがんばっても、上司に見る目がないから、自分は正当に評価されていない」

そんなふうに、仕事がうまくいかないことを上司に恵まれていないせいだと思ったことはありませんか？

女性は職場での人間関係をとても重視します。起きている時間の大半を過ごす職場の人間関係は確かに大事です。しかし、職場にはいろんなタイプの人間がいて、誰を上司や同僚にするか、自分で選ぶことはできません。尊敬できない上司、苦手な先輩など、誰にでも、必ず「ちょっと付き合いにくいな」と思う人がいるもの。でも、それを仕事

がうまくいかない言い訳にしてはいけません。

女性は人間関係に敏感です。なかでも、自分に好感を持ってくれている人は誰で、敵意を持っている人は誰か、「好き・嫌い」という感情に対するアンテナは感度抜群。そんな鋭い観察力やアンテナの鋭さがあってこそ、細やかな心づかいもできるので、こうした特質は女性の長所の一つです。しかし、職場では女性としてのこの長所がプラスに働かないこともあります。

たとえば「あの人のいっていることは確かに正しい。でも、言い方がネチネチしていて何だか嫌い」「部下には無理難題を押しつけるくせに、上にはゴマをすってばかりでセコい」、ひどいときには「声が気に入らない」「顔が嫌い」「背が低い」「生理的に受けつけない」「クサイ」なんて仕事と関係のないことで、上司に難癖をつける人もいます。

どんな上司の指示でも、淡々とやるべきことをやる

職場や会社は、あくまでも「仕事をするための場所」です。ですからどんなに気に入らない上司とでも、上手に付き合っていくように心がけるのが部下としてのマナー。

上司はあなたの恋人候補ではありません。恋人や結婚相手なら声も顔も、匂いも大

事。人間として尊敬できることも大事な条件になるでしょう。でも、上司は別。相手がどんな容姿で、どんな性格・人格であっても、その指示に従い、きっちりと仕事をするのが部下としての務めなのです。

「Aさんは仕事もできるし、部下や周囲への気配りもしてくれる人格的にもすばらしい上司。だからAさんに指示された仕事は、ミスがないよう気をつけて、心をこめて仕上げます。でもBさんは性格が悪いし、能力もいまいちだから、上司として尊敬できない。Bさんの指示された仕事はやりたくない」

そんなふうに上司によって態度を変える女性部下がまだまだ多く、私はそれをとても残念に思います。

とくに20代、30代という若い年代の女性に、そうした考えを持つ人が多いようです。かくいう私も20代のころは、上司に不満を持つ女性部下の一人でした。

「前の上司は優秀だったが、今の上司はいまいち」

などと評価していました。しかし、たくさんの上司と付き合い、経験を積み、30代になってようやく、性格や人格によって上司を差別してはいけないことに気づきました。

上司の能力や人格によって、仕事への取り組み方を変えて、あなたにどんな利益があるのでしょう? 相手によって対応を変えているあなたを見て、わがままで未熟な社員と評価している人もいるかもしれません。

上司を評価する暇があったら、仕事のことを考えましょう。相手がどんな上司であれ、「やるべきことをやる」という姿勢が大事です。

一人の人間の中にはいろいろな面があります。しかし、職場では誰もが人格の100％の部分で関わりあっているわけではないですし、その必要もありません。

あなた自身も上司も、一緒に仕事をするチームの一員として必要な一部分だけで接しているのが職場。ですから上司の気に入らないところを見てしまっても、さらりと流してください。上司と部下は、あくまで仕事上の仲間です。相手への好き・嫌いという感情で、仕事のやり方や態度を変えてはいけません。

職場はあくまで仕事をする場所で
上司は一緒に仕事をする仲間。
それ以上でもそれ以下でもありません。
相手が気に入らなくても、仕事に
一生懸命取り組みましょう。

005

上司に絶対にいってはいけない禁句は「聞いていません」

「えっ、それ、聞いていません」

そんな言葉がふと口をついて出たことはないでしょうか？

職場で部下が上司に放った言葉だとしたら問題です。「聞いていません」は、上司に対する抵抗だからです。

部下が上司にいう「聞いていません」は、文字通り、聞いていないという状態を説明しているだけでなく、「おまえ、そんなこといってないじゃないか」という上司への批判、上司を攻撃する武器なのです。

いわれたほうの上司はギクッとするし、「あれっ、ちゃんといったはずだけど」、「いったけれど、言い方が悪くて指示がきちんと伝わっていなかったのかな」とあたふたオロオロ、心中穏やかではありません。

もしかしたら部下がいうように、本当に上司が指示を出し忘れたのかもしれません。

でも、上司はきちんと指示を出したのに、部下のほうがつい聞き漏らしてしまった、あるいは聞き違えてしまったのかもしれません。

「いや、絶対に私はそんな指示は聞いていない」と確信があったとしても、部下たるもの、上司を、とくに公衆の面前で批判してはいけません。

こういうときは、

「申し訳ありません。部長の指示を聞き漏らしていました」

「すみません。忘れてしまったので、もう一回説明していただいてもいいですか」

と、部下のほうが一歩引き、上司を責めないのがマナーであり、一流の気配り。

人間は誰でもミスをします。自分がミスをしたらすぐに謝る、上司がミスをしたらさらりと受け流す、あるいはフォローするのが部下として最善の対応です。

自分が上司で、「部下にいい返されたら」と想像してみる

私自身、自分より上の立場の人にいったことはわりと覚えていますが、なぜか部下に

いったことは忘れてしまいがち。

人間の心理として、上司には気をつかい、部下には気を許すものなのでしょう。ですから部下から「聞いていません」といわれると、「あれっ、いったつもりだけど……」と記憶があやふやでドキッとするのです。

でも上司が「いってなかったっけ?」とあいまいな態度を見せたり、「自分が悪かった」とミスを認めたとしても、「ほらほら! やっぱりそっちが悪いんじゃないか」と鬼の首をとったように、相手を批判したり攻撃したりしてはダメ。そういう上司はやさしい、いい人です。何より不完全な上司をフォローするのは、部下の仕事なのです。

上司が指示を出し忘れていて、部下が「聞いていません」というのが事実だとしても、やらなければいけない業務はあなたの目の前にあるのです。やらなければいけない業務なら、たとえ心の中で「まったく上司のミスなのに」と思っても、笑顔で「すみません! 今すぐやります」と対応したほうがいいに決まっています。

そんな部下の対応に、上司はきっと心の中で「助かった」と思っているはずです。

組織で働いていくつもりなら、上司に貸しを作っておくことも大事です。

上司がミスをしたら、恩を売るチャンスだと前向きにとらえましょう。

「聞いていません」は部下が自分自身を守る言葉で、相手に対する思いやりがありません。「もし自分が上司の立場だったら……」と、ほんの少し想像力を働かせてみてください。自分では指示を出したつもりなのに、「そんなことは、聞いていません！」といい返されたら、どんな気持ちになるでしょう？

あなたが上司なら、「自分が悪かった」と部下にいうでしょうか？　きっと「何だコイツ。仕事をしていない言い訳をしてるだけじゃないか」とムッとしませんか？

事実は別にして、「聞いていません」という言葉を放つ人は、上司から見れば、かわいげがないのです。かわいげがないと思われたら、関係はギクシャクします。ミスをした（かもしれない）上司を温かくフォローできたら、あなたは最高の部下です。

いった、いわないで争うのは無意味。
上司の立場や気持ちも想像して、
「申し訳ありません」と一歩引き、
上司を温かくフォローするのが
理想的な部下です。

006

受信力があってこそのコミュニケーション。「聞く力」のある部下が求められている

仕事は一人ではできません。どんな仕事もグループやチーム単位で取り組むのが基本で、これまで「日本の企業はチームワークがとれていて、すばらしい」と世界から高く評価されていました。

日本企業のチームワークがよいのは、定年まで一つの会社に所属する終身雇用という働き方が大きく影響していたからでしょう。同じメンバーが一つの組織の中で長く働いていれば、自然と気心が知れてくるものです。

しかし、今は高卒で50%、大卒で30%の人が就職して3年もたたないうちに会社を辞める時代。昔のようにじっくりと時間をかけて、連携のとれたチームを作りあげていくのは難しくなってきました。

では、短い時間でいいチームを作りあげるためには、どうすればいいのか？　一人一人のコミュニケーション能力を高めること、それが基本となるでしょう。実際、採用に当たって企業は個々人のコミュニケーション能力を非常に重視しています。

そんな情報を耳にした学生たちは「就活を制するのはコミュニケーション能力だ」とばかりに、「自分はコミュニケーション能力の高い人間である」と面接で盛んに自己アピール。自分の長所、経験、志望動機などをそつなくとうとうと話します。しかし、学生を初め、若い年代の人はコミュニケーション能力について、ちょっと誤解しているように感じられます。

臆せず、恥ずかしがらず、場数を踏んでトレーニング

コミュニケーション能力というのは他者とやりとりする力。コミュニケーションというのはキャッチボールのようなものです。しかしおもしろいことをいって笑いを取る、ウケることをコミュニケーション力と思いこんでいる人たちが実に多いのです。

キャッチボールはボールを投げ、投げられたボールをきちんと受け取って初めて成り立ちます。ボールを受け取ることができなければ、投げ返すこともできません。コミュ

ニケーションも同じで、しっかりと受信する力がないと成り立ちません。

受信する力というのは、わかりやすくいうと「聞く力」です。相手が何をいっているのかを理解し、把握できて、それに対してきちんとした反応ができて、初めて「受信力がある」といえるでしょう。

話を半分ぐらいしか聞かないで、「ああ、わかったわかった。上司はこういっているんだろう」ではいけません。上司がいっている内容を理解するだけでなく、上司は自分に何を求めているか、言外にこめられた意味まで正確に受け取ることができないと、部下として期待される働きはできません。

残念ながら、最近はこの総合的受信力が低い若者が多いように感じられます。それはおそらくメールやライン、インスタグラムなど、目の前に相手がいなくてもコミュニケーションをとれる道具が発達したからでしょう。

受信力は単純に相手の言葉を受け取るだけでは身につきません。口調や声音、表情や態度、ボディランゲージなど相手が発する情報の全てを受け取って、相手のいいたいことを把握するトレーニングを繰り返さないと、受信力は磨かれないのです。

「人見知り」「話すのが下手」など、自分は人に会うのが苦手だと感じている人もいるでしょう。一対一で相手と向き合ってコミュニケーションを繰り返す、つまり場数を踏めば、受信力も発信力も育ちます。

「女には話が通じない」「女は話がわからない」。昔の職場では、そんなふうにいわれることがありました。訓練ができた男性部下は四の五のいわず、サッと指示に従います。それに対して経験不足の女性部下は、話が通じるように上司のほうで努力したり、気づかったりしなければならず、「女はめんどうくさい」と思われていたのです。

上司が部下のあなたに言葉で指示を出したら、そのいい方や表情、ボディランゲージなどをよ〜く観察してください。そして上司がどんな意図をもって自分に指示を出したのか、自分自身で考えてみましょう。そうした訓練を繰り返すうちに、あなたの受信力は研ぎ澄まされて、「話の通じる部下」になれるはずです。

対面のコミュニケーションでしか受信力も発信力も身につきません。言葉だけでなく、声や態度などの情報をキャッチして、相手の意図をくみ取れる部下を目指しましょう。

007

人への頼みごと、根回しをしたら、結果にかかわらず、きちんと報告・御礼を

「お手数をかけて申し訳ありませんが、前もってお話させてください」など、仕事をしていると、ほかの人に前もって了解を得なければならない機会が多くあります。

同じ部署だけでなく、他の部署、あるいは他の会社の人に頼むこともあるでしょう。大きな仕事をまとめようとしている人は、「根回し」をする機会も多くなります。

根回しとは、交渉事や大きなプロジェクトをスムーズに進めるため、事前に関係方面のキーマンに「よろしくお願いします」と話を通しておくことです。

「オレは聞いていない」といわれたら、通るものも通りません。人間は「自分だけが知らなかった」、あるいは「知らされなかった」と思うと、ふてくされる生き物。そう

なると、協力的な態度を引き出せなくなります。そういう事態を避けるためにも、根回しは意味があります。

正式な決定は会議など公の場で行われますが、会議とは別に事情説明をしておかなければ物事が動かないときがあります。とかく、根回しは、「日本独自の文化」とか、「必要悪」などといわれがちですが、物事を成功させるためには必要な対応といえるでしょう。

頼むときだけ必死で、ほったらかしはいけない

人間は、自分がしてほしいことは必死に頼みます。

しかし、結果が成功・不成功に関わらず、どうなったのかを報告しに来る人は少ないのです。

結果がうまくいかなくて、報告をしづらいのかも知れません。

頼まれたほうは、よく覚えていて結果を気にかけているものです。たとえ、結果が思うようにならないものだったとしても、きちんと報告しましょう。そして、力を貸してもらったことに対して御礼をいいましょう。

「今回は力を貸していただき、ありがとうございました。でも、私の力不足でいい結果を出せず、申し訳ありませんでした」

と。

電話やハガキでも構いません。

頼まれた相手も、物事が成功するか否かは、いろいろな要素が絡むものだとわかっています。うまくいかなくても、あなたに責任があるとは決して思いません。

むしろ、いいにくい結果をきちんと報告しに来たあなたの誠意に感じ入るでしょう。いいにくいことをきちんと相手に報告できる人は、今回はダメだったとしても、いつか成功できる可能性が高い人です。

以前、私は依頼されて、友人のお嬢さんの就職希望先に紹介状を書いたことがありました。しかし、残念なことに結果は不採用。正直、私も「役に立てずに申し訳ないことをした」と思い、こちらからは連絡できませんでした。

しかし、驚いたことにそのお嬢さんは私を訪ねてきました。

「今回はありがとうございました。せっかくお力添えをいただいたのに、私の力不足でした。来年またがんばります」

と頭を下げたのです。

採用になったのなら、喜んで御礼にも来やすいでしょうが、不採用という結果でなかなかできることではありません。その態度に、私のほうも「何とかもう一声役に立てないものか」と思ったものです。

翌年、そのお嬢さんは希望していた会社に受かり、就職が決まりました。その報告を聞き、私も心底からほっとしたものです。

もし、あなたが人にものを多く頼む立場であれば、自分が依頼したことの結果をきちんと報告して、御礼をいいましょう。

「ありがとう」「おかげさまで」「お世話になりました」など、日本語には素敵な言葉がたくさんあります。

人に何かを頼んだり、根回しをしたら、
結果の可否に関わらず、
報告・御礼をいいましょう。
そんな態度が
あなたの信用を高めます。

008

会社の近所で上司の悪口をいわない。耳に入れば、仕事で不利になることも

「人の悪口をいうな」とは道徳の教科書のような教えで、「今さら」と思うかもしれません。もちろん、悪口をいわないのが大人のマナーですが、とりわけ上司の悪口をいうときは、時と場合をよく考えないといけません。

職場で長い時間を一緒に過ごす上司は、部下から不平不満を持たれがちです。上司も人間ですから得手・不得手があって当然なのですが、とかく上司の短所は部下の槍玉にあげられがち。居酒屋では、上司への不満や悪口がビジネスマンの共通の肴です。

職場の仲間たちで上司の悪口をいい合い、憂さを晴らすことで仕事の活力が湧くということもあるでしょう。しかし、会社の近所での上司の悪口は、ときとして取り返しのつかない事態を招くことがあります。

これは、実際にあった話です。

職場のトイレの鏡の前で化粧をしながら先輩の悪口をいっていたら、奥の個室が開き、悪口をいわれていた当の先輩が出てきて、全員が凍りついたといいます。

また、喫茶店で女性社員がランチをとりながら、上司の悪口をいっていました。悪口は盛り上がり、「デブ」「ハゲ」だの容姿に関するひどいことをいっていたら、上司がすぐ後ろの席に座っていたとか。悪口に夢中になる余り、上司が後ろに来たことにすら気づかなかったそうですが、この場合、もうどうしようもありません。

「先ほどは申し訳ありませんでした」と謝るのは、上司にしてみれば、不愉快なことを蒸し返されるだけで、さらにプライドが傷つく行為です。こうなると、もうそっとしておくしかありません。上司が忘れてくれるよう「忘却力」に期待するしかないですが、しばらくあなたに対する評価は冷たくなるでしょう。

男性のプライドと面子をつぶせば逆恨みされることも

私の知人の会社で起こった話です。

あるとき、大きな会社のAという部長が、隣の部のB部長の部下である20代の男性を飲みに誘いました。A部長とB部長は、互いにライバルと目される存在。おそらく経歴が拮抗していたのでしょう。

居酒屋でA部長は男性にB部長の悪口をいい続けました。自分の直属の上司の悪口を聞かされ、さぞかし男性は困ったことでしょう。

本来なら、男性もA部長の誘いを何気なく断るべきだったのですが、一緒に行ったのがいけません。また、自分の上司の悪口をいわないように頼むべきでした。

さらに悪いことに、なんとB部長が同じ店に入ってきました。「部下がいるな」と思ったB部長は、さりげなく二人の近くの席に座ります。

部下はB部長にすぐ気づき、A部長に慌てて身振り手振りでB部長の存在を教えようとしました。しかし、酔っ払いながら悪口をいっていたA部長は、そのサインにまったく気がつかなかったとのこと。

二人の席の近くに座ったB部長は、A部長の話が自分の悪口であることに蒼ざめます。この一件以来、B部長は自分の部下である男性を一切無視。部下はB部長の悪口はいっていませんが、自分の悪口をいう席にいたことがおもしろくなかったのでしょう。

この中で一番悪いのは、ライバルの部下を誘い出して悪口をいった未熟なA部長に決まっています。

読者のみなさんは、

「B部長はなんて心の狭い上司なんだろう」

と思いますか？

私はそうは思いません。

男性、じつは女性もですが、プライドとか面子を重視する生き物です。

B部長にしてみれば、ライバルであるA部長に自分の部下が連れていかれたことも不愉快ですし、さらに自分の悪口を聞かされたのでは、上司としてのプライドや面子は丸つぶれになります。そのツケは大きいものだったとしかいえません。

基本は上司の悪口をいうことは避ける、人がいっているのを聞くことも避けるべきです。

悪口は、いった本人の評価を
下げる行為。
上司の悪口をみんながいっても
調子に乗って一緒にいわないこと。
それが仕事人としてのマナー。

009

上司に叱られても、涙目になったり、あとあとまで引きずらない

男性上司が女性を部下にしたとき、「一番怖い」と感じるものが何かわかりますか？前にお話しした「できません」「聞いてません」という言葉も、もちろんいやなものです。口応えや反抗的な態度、仕事の手抜きなどにも手を焼くことでしょう。でも男性上司を一番困らせるのは、女性部下の涙です。ミスを叱ったり、ちょっと注意しただけで、涙をポロリと流されたら大半の上司はうんざり。

「いいえ、私は泣いてなんかいません！」

と本人はがまんしているつもりでも、涙を目にいっぱいためた目で見つめられたら、「勘弁して」「ああ、オレが悪かった」と男性上司は二の句が継げなくなってしまいます。「だから女性部下は扱いにくい」「女性部下を叱るのは難しい」と思うわけです。

最近は女性のように、いえ女性以上に、ナイーブな男性社員も増えています。そこで「もし男性の部下が泣いたら、あなたはどう思うの？」と、私は某企業で上司の立場にある男性に聞いたことがあります。そうしたら、「男の部下なら、『何だ、それぐらいで泣いたりして弱虫め』ですませられる。でも女性の部下に泣かれると、『そんなに悪いこといっちゃったかな』『気持ちを傷つけたかな』と気まずくなるんだ」というのです。

上司が叱っているのは、あくまで仕事上のミスです

プライベートな場で、男性が女性を泣かせるということはあり得ます。でも、職場では「男性」上司は、「女性」部下を泣かせてしまった、つまり「部下を泣かせた」というより、「女性を泣かせた」ということで、気まずさや居心地の悪さを感じてしまうようです。

女性部下としては、そういう立場に男性上司を立たせない、つまり叱られても泣いたり、うるうるとした涙目で見つめたりしないようにするのが、最大にして最上の気配りとなります。

そもそも、女性部下は上司に叱られると、なぜ泣いてしまうのでしょう？

一つは、「失敗した自分が許せない」「ミスをしてしまってくやしい」という自分への怒りが涙になるのです。しかし、これは相手に通じません。

もう一つは、慣れていないことです。一般的に職業人としての知識、心構え、マナーなどは就職してから教えられます。男性社員は研修や日常の業務などのフォーマルな場はもちろん、飲み会などのインフォーマルな場でも先輩社員から様々なことを教わる、と前にもお話しました。女性社員は長らく、そうした『教育』から外されがちでした。「どうせ結婚までの腰かけの仕事だ。そんなに厳しく教えこむ必要はない」と思われていたからです。

「こんなこともできないのか。使いものにならない」「いつになったら、一人前に仕事ができるようになるんだ！」など、日ごろから厳しく鍛えられている男性社員は少しのことではへこみません。しかし、厳しいことをいわれた経験がない女性は、少し叱られただけで泣いてしまう、つまり叱られ慣れていないのです。

最近は、「親からも、学校の先生からも叱られたことがない」まま、育つ人も少なくないようです。ですからちょっと叱られただけで、深く傷ついてしまいます。

また女性の中には、「叱られた」＝「上司に嫌われた」「自分の存在を否定された」と受け取る人が少なくありません。でも上司はあなたを嫌いで叱っているわけではないし、あなたの人格や性格を否定したりしているわけでもありません。「書類に不備があった」など、仕事上のミスを注意しているだけなのです。それをきちんと理解していれば、深く傷つく必要も、涙が出る理由もないはずです。

喜怒哀楽がはっきりしていて、感情が豊かな女性はプライベートではとても魅力的でしょう（それでも、過度に「怒ったり」「泣いたり」は少ないほうがいいと思いますが）。でも職場では自分の感情をきちんとコントロールして、冷静に対処すべきです。そして叱られて落ちこんだとしても、引きずらないこと。叱られても、翌日はけろりと出勤して笑顔で上司に挨拶ができる、上司はそんな女性部下を求めているのです。

上司は、仕事のミスを叱っているだけ。
あなたを嫌っているわけではないので、
落ちこんだり、泣く必要はありません。
次の日は明るくふるまう、
叱られ上手の部下になりましょう。

010

昇進レースに負けたら、負け犬ぶりは潔く。ねたみは自分の評価を下げるだけ

組織の中で働いていると、自分の希望通りにならないことがたくさんあります。

「同期の人間が自分より先に昇進した」

「一生懸命がんばっているのに、陽の当たらない部署に異動させられた」

など、納得がいかない人事は日常茶飯事。

そうしたストレスが原因で、心の病になる人もいます。そこまで重症ではなくても、同期や後輩が自分より先に昇進して、心穏やかでいられる人は少ないでしょう。

とくに「自分よりも、能力が下だろう」とひそかに思っていた人が、自分よりも先に出世したら、「どうして!」と不満や不平があふれ出るのが当たり前。嫉妬やくやしさを感じるのは、人間の感情として至極当然のことです。

心の中では何を思うのも自由ですが、それを口や態度に出しては絶対にいけません。「人の口に、戸は建てられない」ということわざがあるように、口に出したことは、必ず周囲に伝わります。仲のいい友人だけに、

「こんな人事って、おかしいよね〜」

と軽い愚痴をいっただけなのに、

「あの人は同期の出世を妬んでいて、文句ばっかりいっている」
「いい人に見えるけど、出世した同期の悪口をいっていた」

などというふうに、うわさ話は必ず大きくなって広がっていくものです。

ネガティブな言動には、より大きなネガティブな反応が返ってくる

「昇進レースに負けてくやしい」

と感じるのは仕方ありません。

でも、そのくやしいという感情でものをいうと、負け犬度が高まってしまいます。昇進レースで負けたら、負けを潔く認めるのが職場でのマナーです。

「男性よりも女性のほうが嫉妬深くて、負けを認めたがらない」

などという人もいますが、本音は男性だって女性と同じ。男性のほうが、もっともっと敏感です。

「何であいつがオレより先に出世するんだ。おかしい」と心の中では思っています。でも「それを口に出したら、みっともない」とわかっているから、いわないだけなのです。

男性と比べて女性の「負けっぷりがヘタ」なのは、男性のように子どもの頃からチームプレーを経験していないからだという説があります。

男の子は子どもの頃から野球やサッカーなどチーム競技を通して、ルールに則って勝負すること、勝つためにチームワークが必要なこと、そして、「勝っておごらず、負けてひがまず」「ゲームが終了したら、敗者は負けを潔く認めて、勝者をたたえる」というフェアプレー精神などを体得している、というのです。

いっぽう、女の子は自分の好きな友達だけを集めた仲良しグループで遊ぶことが多い傾向があります。

勝ち負けを争う男の子の遊びとは全く異なり、休み時間も一緒、お弁当を食べるのも一緒、トイレに行くのも一緒という仲良しこよしの世界で、競争はほとんどありません。だから勝ったとき、負けたときのふるまい方を勉強できていない、というのです。

でも「小さい頃から、学んでこなかったから仕方ない」と開き直ってはいけません。男性にならって、女性も潔く負けたときのふるまい方を学びましょう。

嫉妬心はプラスのエネルギーに変換すること

私自身、負けてくやしい思いをしたことは、たくさんあります。たとえば役人時代、自分が志望していたポストに、他の人が抜擢されたなんていうことが結構ありました。子育てを理由に閑職に回されたこともあります。

そういうときは「どうして、私じゃないの?」と思ってはいけません。「女性がそういうポストにつけるように、あの人が先鞭をつけてくれた。だから同じ女性として応援しなくちゃ」「頑張らなくちゃ」と謙虚に受け止めるべきです。

「私は自分の感情を偽りたくありません。あの人は上司にうまく取り入って出世したのだから、ずるいと思う。そういう自分の気持ちを率直に表現しないとストレスがたまります」

そんなふうに考える女性もいるでしょう。そうしたいのであれば、それを止めることはできません。でもそうしたネガティブな言動には、より大きなネガティブな反応が返ってくるし、自分の評価を下げることにつながります。

嫉妬は人間が持つ自然な感情です。「嫉妬するな」とはいいません。

その嫉妬のエネルギーを
「くやしいから、あの人の足を引っ張ってやろう」

ではなく、

「くやしい。でも自分も早くあの人に追いつけ、追い越せるように、がんばろう」

という、プラスのエネルギーに変えてください。

逆にいえば、近い立場の人が上のポストについたということは、あなたにも可能性はあるのです。腐るのではなく、「次は私がなる！」と考えて努力をすればいいのです。

組織の中で働いていれば
負けることはいくらでもある。
負けたら、潔く認め、
人の悪口はいわないこと。
嫉妬心はプラスのエネルギーに。

第2章

理想の部下になるための気づかい

理想の部下とは上司を助けるだけでなく、上司に才能を発揮させる部下のこと。そんな部下を目指してみませんか。

011

どうせなるなら、部下力のある「理想の部下」になりなさい

あなたにとって、理想の上司とはどんな人でしょう？

有能で、判断はいつも的確、部下の長所も短所もきちんと把握していて、かつ思いやりもある、そんな上司なら誰にいわれなくても「ついていきたい！」と思うでしょう。

でも、そう理想的な上司ばかりではありません。現実には「こんな上司の下だからうまくいかない」「上司がこうしてくれたら、うまくいったのに」とガッカリすることのほうが多いのではないでしょうか。

26ページで「上司の好き嫌いをいわない」というお話をしました。しかしそうはいっても「指示があいまい」「いうことがコロコロ変わる」「判断に時間がかかる」など、仕事に影響する欠点のある人が上司になると困ります。

でもそこで「上司は信頼できない」「口ばかりで、仕事ができない」なんて思ったら、部下失格です。

上司が理想的な人ではないと嘆いても、状況は変わりません。上司が部下を選べないように、部下も上司を選べません。縁あって一緒になった場所で、成果をあげていかなければいけないのが、会社とか組織という場所です。

「上司がダメだから、うちの部署は売り上げも上がらないし、評価も高まらない」

そういうのは簡単ですが、そのままでいいのでしょうか。自分の今いる部署の評価は、そのままあなたへの評価に直結するのですから。

優秀な部下とは「上司をマネジメントできる部下」

「異動になれば、今の部署は離れるからいいや」

そんなふうに思わず、今いる場所であなたが「部下力」を発揮してみませんか。上司から与えられるのを待つだけでなく、自分から動くのです。

上司にも得意な分野、不得意な分野があります。上司の苦手な分野はあなたがサポートして、仕事をやりやすくしてあげましょう。そして上司のいいところを発揮できる場を作ってあげてください。

たとえ冴えない上司でも、部下ひとりひとりが気概を持ち、それぞれが部下力を発揮すれば、チームとしてきっといい仕事ができるはずです。

次々に仕事の重要性を判断して部下に指示を与え、一定の成果を出し続ける責任を持つ上司は、じつはとても孤独です。自信満々に見えても、「本当にこの判断で間違っていなかっただろうか」と不安に思っていることも多くあります。

そんな上司には相談役が必要です。「別の見方をされるといいかもしれません」「こう考えてもいいのではないか」など、別の視点を提案するのもいい方法です。

ただし、自分の提案が採用されたり、上司が求める以上の仕事をしたからといって、それを周囲に自慢したり、「上司はこういったけど、自分の考え方のほうが正しかった」など、上司をおとしめるようなことをいってはいけません。また、成果に対する報酬や昇進を要求するのもいけません。

それではすべてが台無し。職場は、上司は上司、部下は部下という、それぞれの役割を果たす場所です。どんなときでも自分の感情をきちんとコントロールし、その役割をきちんと全うすることが肝心です。

優秀な男性の中には「リーダーよりも参謀になりたい」という人が少なからずいます。名君や名将といわれるような昔の将軍や武将、現代なら総理大臣や大統領など、歴史的に評価の高いトップリーダーには、必ず有能な参謀がついています。よいリーダーとは、よい補佐役に恵まれているものなのです。

昔と違って、今はリーダーを目指す女性も増えていますし、実際に役所、政界、企業などさまざまなところで、女性リーダーたちが増えています。

しかし、リーダーばかり多くても世の中は動きません。リーダーを目指すだけでなく、参謀という最高の部下を目指す道もあります。上司が求める最高の部下になることができれば、あなたは必ず会社の中で一目おかれます。

上司の欠点を補うだけでなく、
長所を見つけて盛り立てることが
できれば理想的。
上司にとって最高の部下である
「参謀」を目指してみましょう。

012

上司の不得意やうっかりミスはあくまで「さりげなく」フォローする

上司は会社の役職があなたより上というだけ。完璧な存在ではありません。部下にうっかりミスがあるように、上司だってミスをすることがあります。

何の自慢にもなりませんが、私はこれまでうっかりミスを山ほどしています。でもそのうっかりミスが大ごと、大問題にならないのは、私をフォローしてくれるすばらしい部下たちがいるからです。

役所勤めをしていたころは、政治家との交渉や会議をうまく進めるために、関係方面のキーマンに事前説明に行く、いわゆる「根回し」をしなければいけないことが多くありました。

根回しをする相手が一人、二人ならいいのですが、何人もいて、しかもそれぞれの相手にどこまでどんな話をすればいいか、全て覚えておくのはとても無理です。そんなとき、相手と話す直前に過去のデータをさっと出してくれたり、効率的に相手との面談の予約をとってくれる部下は、本当に頼りになりました。

最近は大学以外の仕事も多く、自分自身のスケジュールを完全に把握できていないこともしばしば。もちろん「明日はインタビューがある」などという予定そのものを忘れることはありません。

でもインタビュー中に「写真撮影をするのか、しないのか」などという細かいことを、きっちりと覚えていないことがあります。そんなとき、「明日は写真撮影がありますよ」と、部下が一言知らせてくれると、とても助かるのです。

男性上司の面子をつぶさないよう、気配りを

上司の立場からいわせてもらうと、自分にできないことをやってくれる有能な部下がいると、もう一つ別の頭というか分身を持っているように感じます。

また、自分にできないことを部下がやってくれるということは、自分は得意なことに集中できるということでもあります。まるで自分の能力が2倍になったように、気持

ちに余裕を持って仕事ができます。でも、部下のフォローはあくまでも、「さりげなく」がポイント。先の写真撮影の例で説明すると、

「明日は写真撮影がありますので、美容院に行ったほうがいいですよ。お召し物も写真映りを考えて選んでください」

というのは、上司の性格にもよると思いますが、私からすればいい過ぎ、押しつけがましい感じがします。「写真撮影があること」だけを思い出させてくれればいいのです。

謙虚さは、日本の女性が持っているすばらしい特質です。謙虚さ、やさしさ、言動のやわらかさなどは、男性にはない女性の長所。「男女平等だから、職場では何もかも、男性と同じようにするべきだ」と、あえて職場では女性らしさを封印する人もいます。

仕事に男も女もないのはその通りです。でも何もかも男性のようにすべきとは、私は思いません。たとえば女性が男性と同じような言葉遣いをしたら、「ガサツ」「ぶっきらぼう」などとマイナスに受け取られてしまうでしょう。

女性ならではの長所があるのに、それを捨てるなんてもったいないことです。女性としての長所は活かしつつ、男性に劣る部分を少しでもレベルアップしていくようにするのが理想の働き方ではないでしょうか。

男性上司には男性としてのプライド、面子があります。上司が自分で「できない」

「不得意」だと思っていることや、ミスを女性部下に揶揄されたり、あざ笑われたりしたら非常に傷つきます。

上司が多少ピントのずれたことをいったり、的外れな指示を出したりしたとしても、他の上司や部下がいる前でミスを指摘したり、反論したりしてはいけません。

「人の前で」しかも「女性の部下」にいい返されると、男性は屈辱的だと感じます。「上司のあなたが間違っている」「部下の私のほうが有能よ」という言葉や態度は厳禁。「本当のことをいっているだけ」なんて思わずに、上司のミスはさりげなく、でもしっかりとフォローしてあげましょう。

欠点のある理想的でない上司を盛り上げてこそ、理想の部下です。

「上司が間違っている」という言葉や
態度は厳禁！　男性上司の面子を
つぶさないようさりげなくフォロー。
欠点のある上司を盛り上げてこそ
理想の部下なのです。

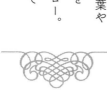

013

自分がやりたい仕事、得意なことは上司に日頃から、やんわりアピールを

上司の欠点を助け、上司の長所を盛り立てるのが理想の部下ですが、理想の上司の姿も全く一緒です。よき上司とは部下の長所、短所をきちんと把握して、その長所を十分に発揮できるような場を与えてくれる人です。

適材適所は上司が部下に仕事を与える時に考えるべき、基本の「キ」。私自身、部下を持つようになってからは、この「適材適所」を心がけるようにしていました。

たとえば話すのが得意な部下は交渉の場に出す、逆に話すのは得意ではないけれど文章を書くのが得意な部下は交渉の場に提出する文書を作ってもらう、というふうに。

ただし、上司も最初から部下の長所、短所がわかっているわけではないので、部下が不得意、苦手だと感じてる仕事を振られることもあるでしょう。

いえむしろ、20代という若いうちは、まず自分のやりたい仕事を与えられないと思っていたほうがいいかもしれません。

しかし、与えられた仕事をどれぐらいきちんとできるかで、部下であるあなたは評価されるのですから、「やりたい・やりたくない」「得意・不得意」に関わらず、一生懸命取り組まなければいけません。

「部下は何が得意なのか」、上司も手探りしているのです

私は事務処理が苦手だけど、文章を書くのが得意、高校生の頃は、文学の道に進みたいと夢見たこともありました。ですから公務員になって、初めて文章を書く仕事を与えられたときは、「ようやく自分の力を発揮できる！」と喜び勇んで取り組みました。

しかし、

「こんな文書じゃダメだ。使えない」

と真っ赤にバツを引いて、上司は私が精魂こめて作った文書を突き返してきたのです。当時、20代だった私はうるうると目にいっぱい涙をためて、上司を見つめていたと思います。そう、かくいう私も20代の頃は、男性上司を困らせる女性部下の一人だった

のです。まさに、今でいう「困ったちゃん」です。

私が上司から作るようにいわれたのは、白書の一部分でした。白書というのは、各省庁が活動の現状や問題点、その対策、将来の展望などを国民に知らせるために発行する刊行物です。政府の公式文書ですから、事実や情勢を淡々と表現すべきなのですが、文学少女だった私は個性豊かな文章を書こう、長文を書こうと頑張ってしまったのです。

上司は部下である私にダメ出しをするだけでなく、「白書に載せる文章は、事実のみを書くこと。あなたの感情は入れる必要はない」「一つの文章は40字以内で簡潔に表現すること」と非常にわかりやすいアドバイスをしてくれました。

20代でまだ生意気盛りだった私は、「何よ！　自分のスタイルを部下に押しつけて」と思いました。そして渋々、上司のアドバイスに従って書き直したものの、「一つの文章が40字以内だなんて、ポキポキとした愛想のない文章だわ」と感じていました。

しかし、自分の感情に反して、上司の指示通りに仕事を仕上げることを繰り返していると、「コイツはなかなかできる子だぞ」と、周囲からの評価が目に見えて変わってきたのです。今思うと、「本当にいいアドバイスをくれたんだ」とありがたく思います。

たいした仕事もできないくせに、へんなプライドを持っていて、手探りしながら日々の仕事をこなしているのが20代という時期です。そんな部下を持った上司も、「この部下はどんなことが得意でどんなことが不得意なのだろう」と、いろいろな仕事を与えながら、「この人の適材適所は？」と手探りで探しているのです。

「やりたくない仕事ばかり与えられる」と思っても腐らず、目の前の仕事にベストを尽くすこと。そこで自分の評価を上げることができれば、やりたい仕事が与えられる機会も巡ってくるでしょう。

自分から「こんなことをやりたい」「これが得意です」とアピールしても構いません。ただし、自己アピールは「やんわり」と行い、ふだんから「繰り返しておく」。そして、希望しない仕事がきても、きちんと行うこと。そうすれば上司の頭にその情報が刷りこまれ、何かの機会に思い出してくれるでしょう。

「やりたくない仕事ばかり」と腐らず、
目の前の仕事に全力を尽くす。
その頑張りが「やりたい仕事」を連れてきます。
得意なことはやんわりアピールして
上司の頭にさりげなくインプット。

014

人間は嫉妬するのが当たり前。嫉妬させないのが、部下としてのマナー

嫉妬は厄介な感情ですが、それを上手にコントロールするのが社会人としてのマナー。嫉妬心というのは人間の素直な感情の一つです。でも「だから仕方ない」と自分を甘やかさず、「よし、自分もがんばるぞ」という前向きのエネルギーに変えましょう。

他人をうらやんだり妬んだりする気持ちは、上司の中にもあります。男性上司はできるだけ部下に対する嫉妬心を表に出さないようにしていますが、でも心には嫉妬心を抱えていると思って間違いないでしょう。

私の経験をお話しすると、私がまだ課長補佐ぐらいのポジションにいたころから、新聞や雑誌などからコメントを求められることがよくありました。もちろん独断で新聞や雑誌に出ることはありません。インタビューの依頼が来たときは、「こういうところか

ら、こういうテーマでコメントを求められているけれど、取材を受けていいでしょうか」と必ず事前に上司にお伺いを立てます。

そんなとき、私はできるだけ上司の嫉妬心をあおらないような言い方を心がけました。「自分は部署を代表してコメントを出すような立場ではありませんが、女性のほうが記事にしやすいと思われたのか、こんな取材依頼が来てしまいました。受けていいでしょうか」というふうに。

女性よりも男性のほうが面子を気にするものです

上司の対応はさまざまでした。

「いやいや君が記事に取り上げられることで、部署全体の存在や業務が世間にアピールできるから、がんばってくれ」といってくれるすばらしい上司もいれば、「君に来た依頼なんだから、勝手にすれば」という上司もいました。「部署の責任者でもないのにと結局は了承してくれるけれど、嫌味をいわずにいられない上司もいました。

面と向かって文句をいわないまでも、大半の上司が「どうして責任者のオレじゃなくて、お前なんだ」と心の中では思っていたでしょう。

しかし、男性上司と女性部下の場合はまだマシかもしれません。「女性だからスポットライトが当たったんだ」と男性上司が自分自身や周囲に言い訳できるわけですから。女性上司と女性部下という組み合わせだったら、もっと激しく嫉妬されると思います。でもそこで「上司のくせに、いちいち部下に嫉妬なんてするな。人間としてまだまだ」と、上司の未熟さを責めてはいけません。

上司に嫉妬させないよう気配りをするのが、組織の中で生きていくうえの欠かせないマナーです。

上司も部下もそれぞれが自分の役割をきちんと果たしていると、非常にバランスのとれた居心地のいい職場になります。職場は上司、部下という役を与えられた役者が一緒に上がる舞台のようなもの。ですから自分の気持ちはどうであれ、部下という役割を舞台の上で常に演じきる努力をしなければいけません。

最近は「自分は自分らしく」「職場でも、ありのままの自分の姿を見せたい」と考える人もいます。でもいくらすばらしい体型の人でも、裸で歩くことは許されません。人前に出るときは必ず洋服を着ます。同じように職場でも素のままではなく、役を「装う」ことが必要。たとえ上司より優秀でも部下は部下の役割を果たさなければなりません。上司を立て、謙虚にふるまうのがチームを機能させるうえで必要なのです。

男性と比べると、女性のほうが「役職や立場なんか、気にしない」という人が多いようです。「たとえ上司のいうことでも、理不尽なことには従わない」と正論を振りかざしがちです。

でも、わざわざ相手の心に波を立てるようなことをして、何の得があるのでしょうか？　あなたは正論をいって満足かもしれません。でもあなたに面子をつぶされ、不機嫌になった上司の下で働かなければいけない同僚や後輩は迷惑です。

女性部下が役職や立場は気にしていなくとも、男性上司はうんと気にしています。理想の部下を目指すなら、プライド、面子、嫉妬心などさまざまな感情が上司の中にあることをきちんと理解して、自分の言動をコントロールしてください。

嫉妬は誰もが持っている感情で
何らかの理由で部下が目立てば、
上司はおもしろくありません。
上司に嫉妬させないような言動、
ふるまいをするのが部下のマナー。

015

やたらと怒鳴る「毎日台風型」の上司には、ひたすら平身低頭の態度で聞き流すこと

上司も人間ですから、機嫌の悪い日もあります。朝、出社前に奥さんや子どもとケンカしたのか、会社にきてもぶすっとした態度で席についていたりします。

自分の機嫌はどうであれ、ふつうは職場でその感情を見せないのが大人の態度です。

しかし、やたらと怒るタイプの上司がいます。

「お前、この仕事何年やっているんだ！」

「こんな仕事していてどうするんだ！」

「もっと売り上げをあげろ！」

「辞表を書け、辞表を」

などと口を極めて相手を罵る人がいます。まさに、「毎日台風型」の上司です。

怒鳴るターゲットは一人の場合もありますが、大体、周囲の人間も多かれ少なかれ被害を受けているケースが多いようです。

相手が上司であれば、いわれるほうはただじっと聞くしかありません。本人はもちろんのこと、周囲で聞いているメンバーもたまったものではありません。このような人は、かっとなると自分の感情を抑えられないタイプの人なのでしょう。また、大きな声を出して相手を威嚇することで、自分の威厳を示したり、相手にいうことを聞かせようとしているのかもしれません。簡単にいえば、未熟な人なのです。

相手の言葉を真に受けて悩まないこと

このような人が上司になったら、どうしたらいいのでしょうか。答えは簡単です。「平身低頭して、『はいはい』と受け流すこと」。

一回、火がついた怒りの炎には、何をいっても効果がありません。いさめることもできません。たとえ、あなたがどんなに正論をいい返したとしても、怒りが増幅するだけです。ならば、ひたすら静かに頭を低くして、怒りの嵐が過ぎ去るのを待つのが大人の対応といえるでしょう。

どんなに怒りのパワーが強くても、3時間も怒鳴っていられる人はいません。上司にいいたいだけいわせて、怒りの燃料が切れるのを待つのが得策です。

部下にとって重要なのは、相手の言葉を真剣に受け止めないこと。「なんで自分が」とか、「自分はダメだ」などと悩まないことです。

若い人だと相手のいったことを真に受けて、自分にも非があるのではないかと、精神的にダメージを受けがちです。しかし、「上司のいつものやつが、また始まったぞ」くらいに考えて、「はいはい」と聞き流しましょう。言葉は悪いですが、馬耳東風で右から左へ聞き流して自分を守りましょう。

上司の怒りが燃え盛っているときに、反論したり、攻撃すれば、思わぬ喧嘩にもなりかねません。どちらに理があっても、「喧嘩両成敗」であなたの評価を下げるだけです。「困った部下」として扱われ、周囲の人間も離れていくでしょう。

上司がそういう人間だということは、職場のメンバーは全員わかっています。周囲の人間は、がまんしたほうを「偉い」と思うものです。

もう一つ大事なことは、上司が怒ったことを後で持ち出さないこと。

「そんなことありましたっけ」

という顔でけろっとしていてください。

そして怒られた翌日も、明るくさわやかに上司に接することです。どんな性格の人間であっても、「上司は上司」です。部下として、節度を持った態度で接しないといけません。

嫌な上司は反面教師だと思いましょう。「自分が上司になったら、あんな態度は取らない」という勉強をさせてもらっていると思えばいいのです。

上司の怒りの台風がやってきたら、「わかりました」「おっしゃる通りです」「自分が至らなくて」「気がつかずに申し訳ありませんでした」「ご注意いただき、ありがとうございます」などと、上司の感情をなだめるような言葉をいってみましょう。そうやって台風を過ぎ去るのを待つのがいちばんの策です。

「毎日台風型」の上司の怒りが
始まったら、頭を低くして
収まるのを待つのが上策。
後で持ち出したり、
節度ある態度を変えてはいけません。

016

一段上の視点で仕事を見るくせをつけると上司の気持ちがわかり、将来の予行演習に

あなたは、自分が「仕事を続ける」ということに対してどんなイメージを持っていますか。

妊娠・出産したらどうしますか？　いったん休職をしてまた働きますか？　仕事は何才まで続けたいですか？

男性であれば、「一生働く」ということだけは、はっきりしています。

しかし、女性は結婚や出産という大きなイベントがあるためか、何才まで、どういう形で働くかという具体的なイメージを描いている人は少ないように思われます。

昭和女子大学の学生に聞くと、ほとんどの学生が卒業後は就職を考えています。ごく少数、「専業主婦になりたい」という希望を口にする学生がいます。ただ、それはもは

やシンデレラ並みの夢物語で、多くの学生は理想と現実は違うことを理解しています。

組織でまじめに仕事を続けていれば、これからは女性も昇進して管理職に就く可能性がおおいにあります。しかし、女性は若いうちは、自分が管理職になることなど考えもしない人が多いのです。

男性が多い職場は男性上司が多いので、女性が管理職になることは想像しにくいかもしれません。しかし、看護師、キャビンアテンダント、販売など、女性が多い職場では、女性がリーダーになることは珍しいことではありません。

女性は目の前のことを一生懸命やるというすぐれた性質があります。しかし、リーダーという立場になる経験が少ないため、残念ながら、男性にくらべて広い視点を持ったり、大局的に物を見るという力が身についていないように思われます。

上司に役に立つ提言ができるようになる

そこでおすすめしたいのが、

「一段上の視点に立って仕事や物事を見ること」。

いまあなたが一般社員であっても、何かあったとき、

「この件は課長ならどう考えるだろう」

「部長ならどう対応するだろうか」

というふうに上司の視点に立って物事を考えるのです。

また、

「もし自分が責任者であったら、このときはこういうだろう」

などと考えてみましょう。

一般社員と、課長や部長などの責任者では、見ているものが違います。一般社員は自分の仕事をこなすことで精一杯です。

しかし、課長や部長はその部門の責任者です。与えられた予算の売り上げを作り、部としての目標を達成しないといけません。それ以外に、部のメンバーを管理するマネージメントという仕事があるのです。それだけ物事の見方が広くなります。

ある若い社員が、「うちの部長はいうことがコロコロ変わるので、ついていくのがたいへん」と愚痴をいっていました。

しかし、部長にしてみれば、状況が変わるので、それに応じて指示もコロコロ変えざるを得ないのかもしれません。それは自分の仕事だけを見ている一般社員にはわからないことです。

ぜひ、一段上の視点に立ち、仕事や物事を見るくせをつけてください。それによって上司の対応や気持ちが理解できるようになるでしょう。

人が変われば物の見方も変わりますので、上司にとって役に立つ提言ができるようになるかもしれません。そうしたら、あなたは余人をもって変えがたい貴重な部下です。仕事がどんどんおもしろくなるでしょう。

自分が上のポジションに就いたときの予行演習にもなります。

実際、昇進して上の立場に立つ人というのは、若いときから一段上の視点で物を見ることができた人が多いのです。また、そういう見方のできない人が、ある日突然、昇進することはまずありません。

一段上の視点に立ち、仕事や物事を見ることで上司の気持ちがわかるうえ、自分が成長する。将来の予行演習だと思い、やってみよう。

017

育児、介護など個人の事情は上司に伝えておく。ただし、公私の区別はつけること

昔と比べると男女平等の世の中になってきたとは思いますが、育児や介護は主に女性がやるものと、はなから決めつけている人が少なくありません。

育児・介護休業法により、男性も育児休暇をとれるのですが、厚生労働省の雇用均等基本調査によると、男性の育児休業取得率はわずか2・65％（平成27年度）と、依然として低いままです。

男性が育児や介護をもっとわかち合ってくれれば、働く女性の悩みも半減するのにと思います。私が子育てをしていた頃と比べると、だいぶよくなってきたとはいえ、女性への負担が多い現状で、どうすればいいかをここではお話ししたいと思います。

育児や介護はどんなに頑張っても、一人で何とかできることではありません。

夫や家族の協力はもちろんですが、育児であれば保育園やベビーシッター、介護であればヘルパーや家政婦など他人の手を借りないとうまく回っていきません。

仕事も家事も、育児も介護も何もかも一人で頑張ろうとすると、必ず職場の人に迷惑をかけてしまいます。そして結局はどこかの段階で破綻して『会社を辞める』ということにもなりかねません。

不測の事態も想像して、事前にきちんと態勢づくりを

生活のため、好きな仕事を辞めたくない、キャリアを中断したくない……など働く理由は人それぞれです。

育児や介護をしながら仕事をするのは、本当にたいへんなことです。それでも、私はできる限り、女性も仕事を持っていたほうがいいと思います。育児や介護をしながら働くためには、まず仕事と両立できる態勢作りをしてください。

育児であれば、育児休暇中に保育園探しや、子どもが病気になった場合などのベビーシッターの手配をどうするのか。

子どもは「絶対」といっていいほど病気になります。不測の事態も考え、どんな場合

でも、「第一番のリリーフ投手は誰、二番目は誰」と対応できるように準備を整えておくべきです。

育児よりもたいへんなのが、介護でしょう。

多くの人が誤解しているのですが、介護休暇とは『要介護の人を世話するための休暇』ではありません。世話をする長期的な態勢を作るための休暇なのです。

在宅で看るのであれば必要な機器や介護をサポートしてくれる人の手配、預けるのであれば施設や病院探しをするのです。とくに、認知症などの病気があると10年～20年という長期の期間にわたることが珍しくなくなりました。

子どもは大きくなれば、自分のことが自分でできるようになりますが、介護はその期間がどれぐらいになるのかわからないので、長期戦の備えが必要です。

家庭の愚痴を仕事場でこぼさない

ちなみに、私は26才で一人目、37才で二人目を出産しました。一人目の子を産んだときは6週間で仕事に復帰しました。

今から思えば、もっと育児も楽しみたかったと思いますが、当時は産前6週間、産後

6週間しか休めませんでした。母だけでなく、父、姉、友人にも助けてもらいました。

そんな私が子育て中に心がけたのは、「プライベートなことを職場でべらべら喋らない」ということです。

子育てしながら（あるいは介護をしながら）働いていると、ときには周囲の人に迷惑をかけてしまうこともあり、社内での立場は微妙です。そのうえ子育てや介護の愚痴を聞かされたら、職場の人たちはどう思うでしょう？

「それは大変ね」

と表ではやさしい言葉をかけてくれても、心の中では、

「そんなに大変なら辞めればいいでしょ」

と思っているかもしれません。愚痴を聞かされても困るだけです。

また、会社にはいろいろな事情の人がいます。あなたは子どもの愚痴のつもりでも、「子どもがいて幸せね」と心を波立たせている人もいるかもしれません。

小さい子どもがいたり、病人を抱えているなどの家庭の事情は、直属の上司にはきちんと情報を伝えるべきです。上司が何も知らないままだと、何か急な事態があったときに対応ができません。

「何かあったときはご迷惑をかけるかも知れませんが、よろしくお願いします」

と頼んでおきましょう。そうすれば、上司も適切な配慮ができます。

しかし、

「昨日、こんなことがあってほとんど眠れなかったから、今日はクタクタなんです」

と、職場で業務時間内に言い訳してはいけません。公私混同です。職場と家庭は別物。職場は仕事をする場所だと心得ましょう。

また、「仕事をしているけれど、私は家庭を優先したい」と考える人もいます。そうした考えを否定はしませんが、職場ではその姿勢を見せないほうがいいでしょう。

家庭を優先するあなたに切り替えるのは、帰りの電車に乗ってから。職場では職場での役割をきっちりと果たしてください。

育児や介護をしながら仕事をするなら
しっかりとした態勢づくりを。
事情は上司に伝えるべきだが、
公私混同は厳禁。
仕事場で家庭の愚痴はこぼさない。

第3章

相手のやる気を引き出す気づかい

相手のやる気を引き出すのも、仕事場における一つの気づかいといえます。ここでは、そんな方法を紹介しましょう。

018

仕事を頼むとき、とくに部下に仕事を依頼するときは、納得させて仕事をさせる

「自分が一生懸命取り組んでいる姿を普段から見せていれば、部下はついてくる」

上司の中には、そんなふうに思っている人がいます。しかし、現実はなかなか厳しくて、

「後ろを振り向いたら、ついてくる部下は一人もいなかった」

なんていう、笑い話のようなこともあります。

部下にもいろいろなタイプがいます。でも、「細かいことまで、いわなくてもわかる」、そんな部下力のある部下はごく少数だと思っていたほうがいいでしょう。

「この仕事はこういう目的のためにするもので、〇月〇日までに仕上げてほしい」

「具体的にはこう動いてほしい」

と細かく指示をしないと、大半の部下は途方にくれてしまいます。

「誰かに、何かをいわれない限り、何もやらない」タイプの部下を「指示待ち型」などと表現します。これは新入社員など職歴の浅い人であれば、ある程度仕方ないこと。上司のほうが「そういうものだ」と割り切ったほうがよいでしょう。

最近の若い人たちはとても繊細です。「それぐらい、なぜ自分で考えられないのか」「自分で判断して」「あなたの意見はどうなの？」などと責めると、パニックになってしまうかもしれません。

指示待ち人間になるのは、職場での自分の役割を理解できていないから。自分の役割がわかっていないから、「今、こういう状況のもとで、何をすべきか」を判断できず、指示を待ってしまうのです。

ですから上司は、まず仕事の全体像を説明し、「その中であなたがする仕事には、こういう意味があるのだ」と丁寧に解説し、部下に理解させなければいけません。

ほめると部下のモチベーションもアップする

「この情報をまとめた資料を作っておいて」

忙しいと、上司はついそんなざっくりした指示を部下に出しがちです。でもそのような指示の仕方で、上司が望むような資料が出来上がってくることは、まずありません。資料が出来上がってから「ここはどうなの？」「これは違う、やり直して」と部下のミスや足りない部分を指摘するのはダメ上司。できる上司は、部下を気持ちよく働かせ、かつ自分も満足できる水準の仕事をさせる人です。

「金曜日の理事会で使う資料を作ってほしい。相手は社外で事情を知らない人たちなので、まず、このプロジェクトのはじめから説明してください」

と丁寧に説明すれば、部下も「なるほど」と理解・納得して仕事に取り組めます。仕事の流れや意味を理解できていれば、大きな勘違いやミスは防げるでしょう。

その資料が金曜日に必要なら、ギリギリではなく期日に余裕をもって、月曜日には依頼すること。それが相手に対する気づかい、マナーです。

部下がいくつかの仕事を抱えていたら、上司が優先順位をつけてあげましょう。部下は優先順位を判断できないので、最初に頼まれた仕事から片付けようとするもの。上司から「こちらの仕事のほうが重要だから先に」と順番について指示してください。

その仕事は部署にとってどういう意味を持つ仕事で、どちらの仕事が優先か。そうした判断は、仕事の全体像を把握している上司にしかできない仕事です。

依頼した仕事をやってくれたら、きちんと部下をほめましょう。ただしほめるのは、依頼した仕事の内容や結果についてです。間違っても、容姿をほめてはいけません。あくまでも「仕事振り」をほめるのです。

たとえ、多少のミスがあっても「助かった」「さすが！　やはりこの仕事はあなたに頼んでよかった」とまずはほめてください。ミスはもちろん注意しなければいけませんが、自分が評価されたという実感がなければ、部下は動いてくれません。


「この仕事は自分しかできないから頼まれたんだ」

「自分は上司にとても頼りにされている」

と部下に思わせることができれば、上司として及第点です。


仕事の全体像を説明し、その中でどういう意味がある仕事なのかを部下に理解させることが大事。

優先順位を判断するのは上司の仕事。

まずはほめて部下の意欲を引き出そう。

019

自信がなく、人を認めることができない部下には小さな成功体験を積ませよう

「○○さんは仕事ができるんです。とくにデータの分析は目のつけどころがうまいんです」

など、あなたは人の仕事や能力を素直に認めることができますか？

人の能力や得意なことは、何となくはわかっているけど、それを口に出してほめたことはない、という人のほうが多いのではないでしょうか。

じつは、「人を素直に認めることができる人」は、「自分に自信がある人」のこと。自分に自信があり、心が安定しているから、人を素直に認めることができるのです。

誰かほかの人がいい仕事をしてほめられたり、社内で表彰されたとき、

「あの人に比べて私はできなくて……」

と落ちこむ人は、自分に自信のない人です。

自分を評価できない、心が安定していないから、人の高評価や成功を聞いたときに落ちこんでしまうのです。

これは10代の若い女の子によく見られる特徴です。若いうちは、まだ自分に対する等身大の評価ができず、常に心のなかで自信と不安が揺れ動いています。だから誰かにほめられれば飛び上がって喜ぶし、逆にほんの少しけなされたり、悪口をいわれるとひどく落ちこんだりするのです。

客観的に見れば、どんな人にでも得意なもの、不得意なものがあります。本来は、「自分にはこれができるけど、こっちはできない」「あの人は自分のできないことができる、でもこの部分は私のほうが得意だわ」という評価をすべきなのです。

自分を過大評価することも、過小評価することもありません。現実をきちんと見たうえで、「等身大の自信」を持つべきなのです。

小さな成功体験を積み重ねましょう

職場には、学歴が高くとも自信のない人がいます。「学歴＝仕事の成功」とは、必ずしもならないからです。仕事で成功するには、コツコツと現場で努力を積み重ねていかないといけません。それは誰しも同じことです。

では、自信をつけるには、どうすればいいのでしょうか。

それは仕事で小さい成功体験を積み重ねることです。たとえ、小さいプロジェクトでも、それが成功すれば、「これは私がやりました」と本人がいえる実績になります。

あなたが上司であれば、自信がないタイプの部下に、

「その人の能力＋５％」

の仕事を与えましょう。あくまでも、「１０５％」というところが目標設定のポイントです。

「今の自分には少しむずかしいかな。でも、がんばったからできたぞ」

というのが成功体験であり、自信につながるのです。自信がつけば、心にゆとりがもてるようになるので、他人を素直に認めることもできるようになります。

その人の能力より下の仕事をどれだけ与えても、達成感や成功感は得られません。「できて当然」と本人も周囲も思うからです。

低い目標を与え続けると、むしろ、「この程度でいいや」と本人の努力目標が下がってしまいがちです。次は90％、その次は80％というように、どんどん縮小されてしま

い、チームの仕事に悪影響が出てしまいます。

かといって、その人の能力よりも2～3倍というはるかに高いレベルの仕事を与えてはいけません。成功すれば大きな自信になりますが、過大な目標は失敗する確率が高く、挫折するとまた自己評価が下がってしまうからです。

上司は部下を見て、適切な目標設定をしなければいけません。

「なんだ、らくな仕事だな」

「たいしたことない仕事だ」

と思わせると、部下は努力しないくせがついてしまいます。

それは本人にとっても、チーム全体にとってもマイナスです。

人を素直に認められないのは、
自分に自信がない証拠。
部下ならば、「能力×105％」の
目標設定の仕事を与えて
徐々に成功体験を積ませましょう。

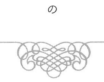

020

部下を叱るときは人前で叱らないこと。ほめるときは、人前でおおいにほめよう

仕事にはトラブルが付き物です。部下を持った上司が必ずやらないといけないのが、ミスをした「部下を叱ること」です。

その際に、必ず覚えておきたいのが、

「人前で叱らない」ことです。

同僚や後輩、ましてやお客さまのいる前などでは、絶対に叱ってはいけません。

部下にしてみれば、叱られるだけでも心がへこたれるのに、「人前で叱られた」という行為が加わると、「恥の上塗り」でプライドが傷ついてしまいます。自分のミスはさておき、「恥をかかされた」とあなたを恨む可能性もあるかもしれません。

緊急事態で、どうしてもその場で部下を叱らないといけないこともあるでしょう。で

も、そのような場合を除き、別の部屋に呼んで話す、ほかの社員がいない時間に話す、などの配慮をしましょう。万が一、お客さまの前で叱らざるを得ないときは、あとで「すまない」とフォローしておくことです。

叱るときのポイントは、事実のみを簡潔に叱ること。

「どこを指摘するのか」

「どういう指示をするのか」

を自分のなかで整理してから、話をすることです。

叱っているうちに、「前もこうだった」など、過去の話になったり、別の話まで加わると、ポイントがどんどんずれていきます。聞いている部下は、話が右から左に流れていくだけで、「早く終わってほしい」という気持ちになってしまいます。

叱るときは、必ず「逃げ道」を残すこと

また、叱るときは相手の逃げ道を完全にふさがないこと。

「救い」を残した叱り方をしないといけません。たとえば、「あなたとしたことが」「あなたらしくない」「今回に限ってどうしたのですか」などの言い方をしましょう。

あくまでも、

「ふだんは一生懸命に仕事をしているあなたが、今回のことはどうしたんですか？」

というニュアンスを含めるのです。そういわれた部下は、あなたの話にはじめから反発せず聞きますし、逃げ道を残してくれた優しさに救われるはずです。

反対にほめるときは、人前でどんどんほめましょう。

誰だって、自分のいいところやうまくいったことをほめられればうれしいものです。ならば、自分がほめられるのを待つのではなく、自分から部下をどんどんほめてあげましょう。

ときどき、「自分がほめても誰も喜ばない」と思っている人がいます。下級の管理職であっても、部下からみれば、上司です。あなただけが正社員で、部下がみんな年上のパート社員であっても同様です。上司にほめられれば、それはうれしいものです。

人間行動学や産業心理学では、労働環境を整えたり、労働時間を短くしたり、給料を上げるだけでは「やる気」は生まれない、「賞賛」が必要だといわれています。つまり、ほめ言葉が必要なのです。

相手をほめるためには、相手のことをよく見ていないといけません。よく見てください。どんな人でも必ずいいところ、あるいは仕事におけるナイスプレーがあります。

「電話の応対が丁寧ですね」

「書類の提出が早いですね」

「よく気がつきますね」

「さきほどは素早い対応をありがとうございました」

など、よく見ていれば、いろいろなことがほめられるはず。

ほめられたことで、相手はあなたに好意を持ちます。

仕事へのやる気が高まったり、組織への忠誠心が高まれば、職場は活気づきます。さあ、どんどんほめてみましょう。

叱るときは、ポイントを整理して
事実のみを簡潔に叱ること。
相手には逃げ道を残して。
反対にほめるときは人前で
どんどんほめてあげましょう

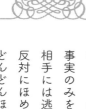

021

部下にとっていいリーダーとは、三つの「キ」を与えてくれる人のこと

「期待」「機会」「鍛える」。この三つの「キ」を部下に与えてくれるのが、いいリーダーの条件です。優れた男性上司はこの三つの「キ」を男性部下に上手に与えて、しっかりと育てています。

しかし、男性部下に与えるのと同じように、三つの「キ」を女性部下に与えてくれる男性上司は、残念ながらまだまだ少ないようです。

有能な男性上司でさえ、女性部下には期待しない、責任ある仕事をまかせる機会を与えない、そして仕事がきちんとできるように鍛えてくれないのです。

三つの「キ」のうち、男性上司が女性部下に対して一番やってくれないのが、「鍛える」ということでしょう。

鍛えていないのに、機会を与えても、うまくいかないのは当たり前。鍛えていないのに、期待だけしても、やはりうまくいく訳がありません。それぐらい三つの「キ」のうちの「鍛える」は大事なのです。

部下を「鍛える」のは、上司の義務といってもいいでしょう。その「鍛える」ことを放棄して、「機会」や「期待」だけを与えてうまくいかないと、「ああ、やっぱり女性はダメだ」というような男性上司、本当に困りますね。

男性上司は、なぜ男性と同じように、女性部下を鍛えようとしないのでしょう？　一つには、「女性部下から、やさしくていい上司」と思われたい、「女性部下から嫌われたくない」からではないでしょうか。46ページでも前述したように、男性上司は女性部下の涙が苦手。厳しく指導して、泣かれたら困ると心配しているのかもしれません。

また、「期待」や「機会」を与えられるのは大歓迎だけれど、「鍛えられる」のはいや。女性部下にも男性上司に対して、そんな甘えがないか反省すべきかもしれません。

女性としての自分に「気がある」男性上司は要注意！

困った男性上司は肝心な三つの「キ」はないのに、別の「キ」を女性部下に持つ人です。それは部下と上司ではなく、「女性」と「男性」という異性間の「気」です。

女性部下は男性上司を仕事という面だけではなく、「人格」や「性格」がいいか悪いか、相手を好きか嫌いかで評価しがちです。

一方、男性上司は女性部下を「性的」にとらえがち。「部下として理想的な働きをしてくれるか」よりも、「女性として自分の好みのタイプかどうか」を重視する傾向があるのです。男性上司を人格で評価する女性部下も未熟ですが、女性部下を性的存在としてみる男性上司も同様に未熟です。

男性は若い女性に甘い傾向にあるので、こうしたことは特に女性部下が20〜30代のときに起こりがち。

もし男性上司が女性部下である自分の『女性』のほうを重視していると感じたら、その上司とは距離を置くのが一番です。会話は必ず敬語で返す、食事に誘われたら一人で行かずに友人を必ず連れていく、などの対策をとってください。

一般的に、女性部下は男性部下よりも、公私混同しがちです。異性から好かれて悪い気はしません。上司にやさしくされると、相手の地位や立場を忘れて、なれなれしい態度をとったり、くだけた話し方をしたり。仕事上で何か注意されても、真剣に受け止めなかったり。そんなふうに、女性という『性』に甘えていると、周囲に反感を持たれます。女性の人格や能力は軽んじられ、上司は「鍛えよう」という気を失います。

一番いけないのは、男性上司が女性としての自分に好意を持っていることがわかった上で、それを利用すること。「おいしいものをごちそうしてもらってハッピー！」というレベルならかわいげがありますが、「どうやら上司は私に好意を持っているらしい。やさしく接していれば、職場でも有利に扱ってもらえるかも」と下心を持つのは、人として品のない行為です。

「女性として好まれる」というのはうれしいことです。でもそうした好意を仕事の場で利用しようというのは、非常に浅はかな考え。いつか思わぬところで足をすくわれるに違いありません。仕事を失う可能性だってあるのです。

三つの「キ」を与える上司はいい上司。
ただし、異性としての「キ」を
持つようなら、注意が必要。
距離を置き、近づかないのが
自分を守る最善の方法です。

022

自分よりも有能な部下がいても、自分とくらべていちいち嫉妬しないこと

「人の不幸は蜜の味」ということわざがあるように、人間は嫉妬をする生き物です。また、「隣の貧乏、鴈《がん》の味」ということわざもあります。これは「隣家が自分の家よりも貧乏なのは、まるでおいしい鴈の肉を味わうようにうれしい」という意味。

つまり、嫉妬という気持ちは、古今東西変わらないということでしょう。嫉妬をするのは、人間の自然な感情です。しかし、嫉妬をむき出しにするのは、恥ずかしく醜いことだと自覚しなければいけません。

「私より美人」「私よりもお金持ちの家に生まれた」など、人をうらやみだしたらキリがありません。職場でもそうです。「私より有能」「いい部署に配属されている」「先に出世した」など、自分と他人とを比較しだしたら、やはりキリがありません。

「有能な部下がいると、自分の地位が脅かされる」と不安になる人がいます。これは自分に自信のない人。「自分のほうが部下より優れていないといけない」と思いこんでおり、「部下と比べられて自分が無能な上司だと思われるのではないか」と不安になってしまいます。

じつは女性の管理職にこのようなタイプの人が多くいます。女性の場合、周囲から「彼女は実力はないのに、○○さんのお気に入りだから登用されたんじゃないか」といわれたりするので、余計に「自分は優秀だ」といいたがる微妙な心理があるのでしょう。実力のある上司なら、有能な部下がいると喜びます。

「あいつの能力が高いおかげで、自分もいろいろな仕事ができていいな。おかげで、チームの仕事もはかどるし、利益も出るし、万々歳だ」

といった具合にです。もし、有能な部下がいたら、嫉妬するのではなく、喜びましょう。チームの利益が上がることがあなたの評価を上げてくれるのですから。

職場で、自慢話はしないこと

人間は嫉妬をするのが当たり前。ということは、嫉妬されるのも当たり前ということと。あなた自身が知らず知らずのうちに、嫉妬の対象になっていることもあるでしょう。「嫉妬させないのが、部下のマナー」と68ページでお話しましたが、相手が誰であれ、あなた自身もできるだけ嫉妬されない言動を心がけるべきです。

もし、あなたが同期のなかで先に出世をしていたら気をつけないといけません。あなたと入社の年次が近い人、自分の2～3年先輩か後輩あたりがいちばん嫉妬をしやすい人たちです。嫉妬は似た立場の相手に向けられます。この人たちの反感は買わないに越したことはありません。まずはできるだけ謙虚にふるまうことです。

第一に、自慢話はさけること。たとえば、「昨日のクライアントへのプレゼンテーションはどうだった?」と同僚に聞かれたら、「まあまあでした」と答えておくのが無難。本当はいい反応だったとしても、「いやあ、ものすごくクライアントに受けて、部長にも最高のプレゼンだったとほめられたよ」なんていわないのが賢い社会人。

また、「自分は○○社の○○さんと友達だ」などと有名人が知り合いだとひけらかすこともいけません。「昨日は部長に誘われて飲みに行って楽しかった」などと、誘われなかった同僚に吹聴するのもタブー。

もし、自分より立場が上の人に食事をご馳走してもらっても、翌日、みんなのいる前で御礼をいわないこと。その人にだけ聞こえるように、そっといえばいいのです。

「あいつは自分より、うまくやっている」

「あいつは得をしている」

と見せびらかされたら、誰だって心穏やかではいられません。あなたが逆の立場でも、同じように心が波立つでしょう？　「見ぬ物清し」「知らぬが仏」という言葉があります。余計なことを見聞きしないほうが、心は波立ちません。「嘘をつけ」といっているわけではありません。いう必要のないことはいわない方がいい、というだけのこと。

「この話をしたら、相手はどう思うだろう？」。自分にとってうれしかった、楽しかった話がふと口をつきそうになったら、心の中でいったんそう考えるクセをつけるとよいでしょう。

有能な部下は嫉妬の対象ではなく、
仕事を助けてくれる大事な存在です。
あなた自身も嫉妬を買わないように
「ひけらかさない」「自慢しない」
「見せびらかさない」を心がけて。

023

有能な女性ほど、仕事を抱えこみがち。でもそれは部下の昇進の機会を奪うこと

「仕事をまかせたいけれど、まかせられるような人材がいない」

「もっと力のある部下がいたら、時間ができるのに」

有能な女性管理職がよくいう言葉です。自分が有能なだけに部下の水準に満足できず、愚痴が出てしまうのでしょう。そして、

「部下にまかせてみたけれど、どうも物足りない」

「部下にいちいち説明するより、自分がやったほうが早い」

とたくさんの仕事を抱えこみ、髪を振り乱して深夜まで残業してフーフー。一人で頑張ってしまうのです。

誰しも、100%満足のいくスタッフで仕事ができることはありません。与えられた

部下やスタッフをどうやって一人前に育て、チームとして成果を出すか。そこが上司の腕の見せどころなのです。

部下に仕事をまかせなければ、部下にはいつまでたっても力がつきません。力のない部下は出世できません。「昇進を遅くしてやろう」という気持ちがなくても、「部下に仕事をまかせない」ということは、結果的に部下の成長や昇進を邪魔しているのです。

部下が優秀な人材に育てば、何より上司であるあなた自身がらくになるでしょう。また優秀な人材が豊富なチームほど、より早く、大きな成果も出せるでしょう。その結果、部下の評価も上がるし、上司のあなたの評価も上がります。

いくら有能な上司でも、一人で仕事を抱えこんでいたら、心身ともに疲れきってしまいます。疲弊すると周囲や全体が見えなくなり、上司としての的確な判断ができなくなってしまいます。部下の目に、そんな上司はどう映るでしょうか？

上司の仕事を頼むと部下は喜んでやってくれる

私自身は、一人で仕事を抱えこむタイプの上司ではありませんでした。理由は単純です。あまりにも忙しすぎて、仕事を一人で抱えこむ余裕がなかったのです。

関係者に説明する場合も「この内容ならば、部下が話せる」と思えば、「あなたが私の代わりに行ってください」といいました。もちろん、適材適所は部下に仕事を与える場合の基本。「この人なら、この仕事はやれる」と思う相手にお願いしたのはいうまでもありません。

上司がやるべき仕事を「あなたにお願いしたい」というと、みんな気持ちよく引き受けてくれます。上司の代理を頼まれると、部下はうれしいのです。

逆に下の立場の人がやるべき仕事を上の地位にいる人に与えるときは、注意が必要です。「どうして自分がこの仕事をしなければならないんだ」と不満を感じがちだからです。そんなときは、納得してもらう手間を惜しんではいけません。

いきなり部下に大きな仕事を与えるのは不安でしょう。ですから時間をかけて「期待」しながら「機会」を与えつつ、そして「鍛える」。これを繰り返していけば、やがて部下に力と自信がついてきます。

次は責任も与えてください。ある程度の権限と責任を部下に持たせて、最後まで一つの仕事をまかせると、部下は大きく成長します。ただし、「どの程度の権限と責任を持たせる」かは、冷静に判断しなければいけません。うまくいけばいいのですが、失敗したら部下もチームも大きな傷を負ってしまうからです。

ですから責任を委譲する前に、部下に知識とスキルをきちんと身につけさせる、つまりしっかりと「鍛える」ことが重要になってきます。知識とスキルが備わっていなければ、自信を持って仕事に取り組めないし、思うような成果も出せないでしょう。

ただ、どんなに準備をしてまかせても、失敗することがあります。失敗をすると部下は自信とやる気を失います。自信のないまま、次の仕事に取り組んでもなかなかいい結果が出せないので、いわゆる「負け癖」がついてしまいます。

上司は失敗したことを責めるのではなく、その失敗の原因を部下自身に考えさせ、失敗から学ばせるように導いてください。気休めや慰めをいう必要はありません。部下が失敗から逃げないようにして、挽回するチャンスを再度与えるのが上司の仕事です。

仕事をまかせなければ、
部下は力がつかず、昇進できません。
「自分でやったほうが早い」と思わず、
部下に仕事をまかせましょう。
失敗は挽回するチャンスを与えて。

024

あなたが上司なら、部下を昇進させる力のある上司になりなさい

「すぐ感情的になるのではないか」

「好き嫌いで、人を評価しないだろうか」

女性上司は部下たちから不安を持って見られています。しかし、女性上司が嫌われる一番の理由は、「部下を昇進させる力がない」、つまり社内での影響力が男性上司よりも小さいと思われているからでしょう。

「あの上司に引き上げてもらった」

男性部下は自分が昇進すると、よくこんな言い方をします。そして同じ部長職だとしても女性上司は男性上司より、部下を引き上げる力がないと思われているのです。

確かに、女性上司は自分が昇進したことに満足して、部下の昇進を気にかけない人が

多いように感じます。でも部下の面倒を見るのが、上司の役目。その中には、「部下を昇進させる」ということも含まれています。

では部下を昇進させるため、上司は何をすればいいのでしょうか？

人事異動の時期に、いきなり人事担当者に「お願いします」では時すでに遅しです。

「彼はものすごくよくやってくれるんです」

「こんな成果が出せたのは、彼女のおかげなんです」

というふうに、普段から部下のいい情報を流しておくことが大事。そして、

「次に彼はこんな仕事をしたいと思っているようです」

とやんわり伝えておきます。

部下がよいポストにつけるよう広報活動をするのは、上司の義務なのです。「あの上司は部下の売りこみをせっせとする人だ」と社内に広まれば、「部下の面倒見がとてもいい」と上司自身の評価も上がるし、部下からの信頼も高まるでしょう。

仕事の報酬は、『昇進』です。とくに男性にとっては『昇進』が一番大事なのです。

ここを女性上司はよく理解しないといけません。

誰しも、有能な部下は手元に置いておきたいもの。でもそれは上司のわがまま。自分の都合や感情ではなく、部下のキャリアを第一に考えられるのが理想の上司です。

あなたの部下がよいポストに異動すれば、「あの上司のところで一生懸命働くと出世できる」という実績になります。すると後任の部下も「よし！　ここで頑張って自分もよりよいポストを目指そう」と思い、力を尽くしてくれるでしょう。

「部下の好き嫌い」を人事にあからさまに出さない

上司であるあなたに部下を昇進させる力がなかったら、あなたの元に異動させられた部下は「左遷された」と思い、やる気を失うかもしれません。そんな部下が一人でもいたらチームの士気に影響しますから、成果を出すのも難しくなってしまうでしょう。

ですから部下のため、上司である自分のため、チームのため、ひいては会社のため、部下がよいポストに異動できるよう、上司は全力を尽くすべきなのです。

部下にもいろいろなタイプの人がいるでしょう。自分の指示に素直に従ってくれる部下、いちいち口ごたえする部下、有能な部下もいれば、使えない部下もいるでしょう。

上司も人間ですから、部下に好き嫌いができるのは仕方ありません。でも好き嫌いという感情を人事に持ちこまないよう、大義名分が立つように気をつけましょう。

部下は上司の感情にとても敏感です。上司が自分を好いてくれないと気づいた部下は、何かあると「嫌われているせいだ」と思ってしまいます。

本当は力が足りなくて昇進できなかったとしても、「嫌われているから昇進できない」と上司を恨むのです。自分以外の人が昇進すると「あいつは上司に好かれているから」などと周囲に愚痴をもらすかもしれません。

悪い噂というのは、あっという間に広がっていくものです。

「あの人は自分の好き嫌いで、部下を評価する」「あの上司は人を見る目がない」とダメ上司のレッテルをいったん貼られると、それを覆すのはなかなか大変です。

そんな事態に陥らないためにも、上司たるもの、たとえ部下の好き嫌いがあったとしても、人事にはそれがあからさまにならないように注意しましょう。

女性上司が嫌われるのは、
部下を昇進させる力がないから。
部下を昇進させることができれば、
あなたと部署の評価が高まり、
いい人材が集まります。

025

女性が年上の男性部下を持った場合、丁寧な言葉で接すること

女性は、職場での会話は原則丁寧語で話すべきです。

男性で後輩を「○○ちゃん」などと呼ぶ人がいますが、女性であれば、絶対にやめるべきです。

また、立場が上になると後輩に「コピーとってきて」などと命令口調で頼む人もいます。しかし、年下であっても丁寧語を使うべきです。

「○○さん、コピーを5部お願いします」

といい、仕事をしてもらったら、きちんと御礼をいいましょう。

では、もし女性が上司になり、年上の男性を部下を持った場合、どのように接するのがいいのでしょうか。

いちばん大事なことは、「丁寧な態度と言葉で接すること」です。

話しかけるときは、

「○○さん、よろしいでしょうか」

何かをしてもらったら、

「○○さん、ありがとうございます」

といったように、徹底して丁寧な言葉を使うことです。それは職場だけでなく、職場を離れた場所でも同様です。気安い言葉は彼らの誇りを傷つけますから、「○○ちゃん」とか、「○○くん」というような呼び方は、絶対にしてはいけません。

女性は誰に対しても「○○さん」といえるので、とても便利です。

地位や役職は逆転することだってある

また、ほんの少しだけ想像力を働かせてみましょう。

「この人は、いま会社では私の部下だけど、家に帰れば妻子を養っている立派な大黒柱。妻子から見れば、頼られている人なんだ」と。

一家の中心として家族に頼られていることを思えば、そんな人を軽んじたり、気安く呼ぶことはできないはずです。また、地位や役職は一時的なもので、何かがあればいっひっくり返るかもしれないもの。立場が逆になることだってあるのですから、普段から丁寧に接しておくことが大事です。

若い女性には、職場の男性をつかまえて、平気で「○○さん、クサい」などという人がいますが、とても失礼です。社会人としての訓練不足で、誰からもきちんと指導されてこなかったんだろう」とかわいそうになります。

年上の男性が部下になると、女性は最初は戸惑います。それは相手も同様です。ただし、男性は社会的に訓練されているので、自分より年下の女性でも「上司」として、丁寧に扱う人が多いのです。

それに対する「お返し」だと思い、丁寧に接すればいいのです。また、最初に「お互いに気にしないでやりましょう」という申し合わせをしてもいいかもしれません。

ただ、仕事に関してはビジネスライクに割り切ること。仕事を依頼するとき、丁寧な言葉は必要ですが、指示はきびきびと歯切れよく出してください。何かあったとき、責任を取る責任者はあなたなのですから。

遠慮して、いうべきことをいわないのはいけません。

いちばんいけないのは、仕事ができなくてバカにされること。バカにされないよう、しっかりと責任を持って職務を果たすことです。

最近は企業を定年退職した社員をそのまま嘱託として雇うことが多いので、女性上司にうんと年上の男性社員がつくことも珍しくありません。

男女を問わず、パートやアルバイトとして年配の人がくることもあるでしょう。それだけに、女性であろうと男性であろうと、上司はきちんと指示を出し、わかりやすい仕事をすることが求められるのです。


女性上司の下に年上の男性部下がついたら、丁寧語で接すること。

気安く呼んでプライドを傷つけない。

ただし、仕事はビジネスライクに。

指示はきびきびと歯切れよく。

026

地位が上がっても偉ぶらない、無理な仕事はしない。外の人にも丁寧に接すること

女性が管理職という立場になったとき、「こいつは無能な管理職だ」と周囲に思われるのではないかという不安のあまり、虚勢を張る人がいます。

しかし、職場で無理は禁物です。できないことをできるふりをしたり、知らないことを知っているふりをする必要はありません。

「できます」と無理に仕事を引き受け、徹夜をしてフラフラ。挙句の果てにその仕事の評価が低かったりしたら、周囲も自分も落ちこみます。「自分はこんなに頑張っているのに」と、ますます自分を追いこむことになってしまいます。

「私は管理職なんだから、これぐらいやらなくては」と、周囲に対する意地や見栄で無理な仕事をしてはいけません。

部下に対して虚勢をはるのは女性だけではなく、男性も同じです。むしろ、男性のほうが偉ぶる人が多いかもしれません。「自分は偉い」「自分は有能だ」と思ってもらいたくて、部下に対して不愛想になったり、むやみに威張りちらしたり。

正社員、派遣社員、契約社員、パートタイマー、アルバイトなど、職場ではさまざまな立場の人が働いています。同じ職場で働いているのに、派遣社員や契約社員を差別したり、パートタイマーやアルバイトの人に対してぞんざいな物言いをしたりする人もいます。同じ正社員でも、男性と女性とで接し方を変える人もいるでしょう。

でも立場や職種、性別は違っても、同じ職場で一緒に働く仲間であることは変わりません。オフィスの清掃をしてくれる人、守衛さん、社用車の運転手など、誰に対しても分け隔てなく、礼儀正しく接することができる人こそ真の大人といえるでしょう。

誰に対しても、「気づかい・気配り」を持って接する

自分の仕事や評価とは直接関係のないように思われる、そうした周囲の人たちの声が自分に対する間接的な評判になったりすることもよくあります。

「彼女はよくやっているね」などという声が巡り巡って、自分の評価になっていたり

するのです。

特別にゴマをすったり、おべっかをいったりする必要はありません。

誰に対しても淡々と、しかし、「気づかい・気配り」を持って、礼儀正しく接することが大事。会えば挨拶をする、会釈をする、ごく当たり前のことをするだけでいいのです。

公務員時代を振り返ってみると、「自分とは利害関係のない人には、不愛想な人が多かったな」と思います。

たとえば新聞や雑誌、テレビ局など、いわゆるマスコミの人たちの評判が、公務員の評価に影響を与えることはありません。だから「どうせオレのキャリアには関係ないんだから、いちいち丁寧に応じる必要はない」と横柄な受け答えをする人がいるのです。

でも横柄な態度をされて、喜ぶ人がどこにいるでしょう?

伝える事実は同じでも相手が丁寧に対応してくれたか、横柄で不愛想だったかで、記事を書く人や報道をする人の心に与える影響は大きく違ってきます。その結果、取材を受けた本人がかえって損をしたり、悪い評判になって、自分の本業にはね返ってくることだってあるはずです。

「こんなヤツと仲良くなったって、自分の地位には関係ない」

「この人に親切にしたって、自分は何の得もしない」

そんな損得でばかり物事を判断するのは、心が貧しいように私には感じられます。

ぜひ考えてほしいのですが、世の中のほとんどの人が、『自分の出世』とは関係ない人たちです。その圧倒的多数の人たちと付き合わない、仲良くしないというのは、人間としてもったいないことではないでしょうか。

組織の中で、自分の評価を上げる、評判をよくするというのは実は難しくて、努力してもなかなか思うようにはいかないものです。ですから、もし10のエネルギーがあるとしたら、そのうちの7ぐらいを内部に対して使い、残りの3は外部の評判をよくすることに対して使ってみてはどうでしょう?

自分の仕事や出世には関係ない。
そう思っても、外の人の評判が
巡り巡って、自分の評価になることも。
誰に対しても丁寧に、
礼儀正しく接しよう。

027

リーダーが部下にできる最大の気づかいは、世話ではなく、「成果を出すこと」

ビジネス書や雑誌などを見ると、「リーダー論」が盛んに取り上げられています。

ハーバード大学のコッター教授は、マネージャーとリーダーの違いについてこう説明しています。「マネージャーは資源を効率的に使って目標を達し、リーダーは目標に向かってメンバーを整列させ、鼓舞する」と。

リーダーにはさまざまなタイプがあります。最近では、「サーバント・リーダーシップ」という考え方があります。「サーバント」とは「奉仕する人」という意味で、「部下が能力を発揮できる環境を作るために奉仕する」というもの。そのうえで、「必要ならば率いる」という考え方。「率いる」が先にあるわけではないのです。

また、「自分も知らないから一緒に勉強していこう」というタイプの「ラーニングリーダー」、部下の面倒を見る「ケアリングリーダー」などさまざまなタイプがあります。リーダーといえば、らつ腕で「オレについてこい」というタイプを想像しがちですが、必ずしもそうではないのです。

女性がリーダーになるのならば、自分の性質に合ったタイプのリーダーになればいいと思います。40代には自分に合ったスタイルを確立したいものです。

「成果を出すリーダー」に部下はついてくる

リーダーであれば、部下の面倒を見たり、世話をしたりすることはたいせつなことです。でも、一番大事なのはなんでしょうか。

リーダーにとって、一番大事なのは、「成果を出すこと」です。自分の部署の売り上げを伸ばす、プロジェクトを成功させる、与えられた役目を果たす、などです。

部下にもいろいろなタイプがいますから、あなたにいい顔をしない人間もいるでしょう。しかし、成果を出すリーダーであれば、部下はついてきます。

これまで、いろいろなことをお話してきましたが、部下の心をつかむことは、あなたが仕事での役割を果たすためです。どんなに学習しても、部下の世話をしても、成果が出せないリーダーでは軽蔑されるだけです。成果を出すためには、ひたすら無心で取り組み、私利私欲は捨てることです。

ときどき、

「チームの業績をあげて、自分の出世の足がかりにしてやろう」

という人がいます。

もちろん人間ですから、自分の利益を考えるのは自然なことです。しかし、それがあまりにもにじみ出ると、周囲の気持ちが離れていきます。自分で考えている以上に、人は本心を感じ取るもの。全員の目標に当面は無私で取り組み、失敗したら責任を取る。

そんなリーダーに部下はついてくるのです。

一番大事なリーダーの仕事は、
「成果を出す」こと。これこそが
部下の心をつかみ、チームをまとめる。
私利私欲を捨てて取り組み、
最後は責任を取る覚悟を持って。

第4章

気持ちを伝える気づかい

自分を支えてくれる人への感謝の気持ちは黙っていてはわかりません。気持ちをうまく伝える気づかいを紹介します。

028

メールの文章は丁寧に書くこと。転送され、必ず他人の目に触れると考えて

メールはビジネスに欠かせない道具です。社内での連絡や取引先とのやりとりなど、職場でメールのやりとりをしない日は1日たりとないでしょう。

仕事でやりとりするメールは、相手に要件が伝わりやすいよう簡潔に表現する、失礼のないよう丁寧な表現にするなど、心がけるべきポイントはいくつかあります。ですが、形式的なルールはビジネス書やインターネットなどで簡単に調べられるので、ここでは省略します。

私がビジネスメールをやりとりするときに、ぜひ心しておいてほしいと思うのが、「送ったメールは転送される可能性がある」ということです。

メールには、瞬時に連絡できるのに相手の時間を拘束しない、履歴が残るので「聞

いていない」などの伝達ミスが防げる、またやりとりの内容が文章で双方に残るので「いった」「いわない」で争ったときの証拠物件になるなど、多くの利点があります。

ただ、対面で話しているわけではないので、微妙なニュアンスが伝わりにくい、声や表情で補えないので表現に注意が必要であるなどの短所もあります。そうした短所を補うため、とくにビジネスメールを書くときには、十分な気配りが必要になります。

日本人は物事をはっきりと説明しなくても、タイミングや気持ちを一致させられる「あ・うんの呼吸」を好み、それをビジネスの場にも持ちこみがちです。

しかし、「あ・うんの呼吸」が成り立つのは、相手と面と向かってやりとりをしているからで、言葉、文字だけのやりとりであるメールではとても無理。ですから誤解や勘違いを招かぬよう、「○月○日までに、○○してください」というふうに、メールでは詳細を具体的に書いてください。

無防備にプライベートな話などを書かない

ビジネスメールで何よりも恐ろしいのは、そのメールが送信者本人に知らされないまま、転送されてしまうこと。

たとえばAさんが取引先のBさんとやりとりをした経緯を、正確に上司に伝えたいと思って、Bさんからもらったメールを上司に転送する、なんていうことは日常茶飯事でしょう。そのやりとりが会話であれば、「近くにいる他の人に聞かれてもいいように」と表現に気を配るでしょう。メールも同じことです。

たとえBさん宛てのメールであっても、「もしBさんの上司がこのメールを読んだら、どう思うか」、あるいは「自分の上司がこのメールを読んだら、どう思うだろうか」。そんなふうに想像力を働かせて、メールを書く・出すときは不用意、失礼な表現がないか十分に注意しましょう。

メールを書くのに時間をとられて、他の業務に影響するようでは困りますから、神経質になりすぎる必要はありません。しかしとくに女性は相手と親しくなると無防備になり、ビジネスメールにプライベートな話題を書き足したりしがちなので要注意です。

またメールの短所の一つに、「相手がそのメールを読んだかどうか、わからない」ことがあります。相手がメールを開封したことを送信した側が確認できるような機能があるメールソフトもありますが、そうした機能をビジネスメールで使用するのはマナー違反だと感じる人も少なからずいます。

相手からなかなか返事が来ない場合は、「もしかしたらお送りしたメールが迷惑メールに振り分けられているかもしれないので」など一言添えて、再度メールで連絡をするとよいでしょう。

逆に自分がビジネスメールを受け取った場合は、とにかく素早く返事を出すこと。もし回答に時間がかかるような内容なら、答えが出るまで返事を出さないのではなく、連絡を受け取ったこと、「少し検討をするお時間をください」などとすればよいでしょう。

また最近ではラインを連絡ツールとして使用する人もいます。たとえばラインを使って各部署やチーム、グループで情報交換したり、情報を共有したりということもあるでしょう。ラインを使用する場合もメールと同様、メンバー以外の人が見ることも想定して表現には十分注意をしましょう。

ビジネスメールは誤解のないよう
細かい部分まで書くこと。
知らないうちに転送されて、
誰の目に触れるかわからないので、
表現には十分な気配りが必要です。

029

大事なとき、自分の気持ちを伝えたいときはメールよりも手紙を書くのが効果的

メールはとても便利な道具です。電話と違い、「今、相手の都合の悪い時間帯ではないだろうか」と心配する必要はありませんし、手紙よりも迅速にやりとりができます。

最近では年賀状さえ、メールですませるという人も増えているようです。

でも大事な用件を伝えるとき、感謝の気持ちなど個人的な思いを伝えるときには、やはり手紙を書くことをおすすめします。

ブリスベンの総領事を務めていたころ、私は幾度となくレセプションを開きました。

すると後日、招待をしたゲストから、

「楽しい時間でした」

「呼んでくれてありがとう」

という礼状が次々と届いたのです。しかもみなさん素敵な表現で。そのとき、初めて「しまった！」と思いました。礼状を受け取る立場になって、私は自分の欠点に気づいたのです。

それまで私には礼状を書くという習慣がありませんでした。それが私のいた公務員という世界の常識だったからです。ですからいただいた礼状に感激したのと同時に、

「あら、私は今まで何をやっていたんだろう」

と反省させられたのです。

遅ればせながら、それ以降は感謝の気持ちなど伝えるため、できるだけ礼状や自筆の手紙を書くよう心がけています。

誤字・脱字、表現には十分に注意をする

私は思い立ったときに、すぐに手紙を出せるように、常に切手とはがきをポーチに入れて持ち歩いています。

文章を書くのが苦手な人は、カードや絵葉書が便利。言葉が少なくても、『わざわざ

手紙を出す』という行為が、感謝の気持ちを伝えてくれるでしょう。

ただし、手紙は後々まで残るものなので、表現には十分してください。一番いけないのが、誤字脱字です。もちろん、書き損じた部分に棒線を引いて消して書き直したりしては、せっかくの手紙も台無し。逆に、「この人は大ざっぱな人なんだな」と印象を悪くしてしまいます。

また、あまりに感情的な手紙は、もらった相手も困惑してしまいます。とくにくやしさや怒りなどを一時の感情にまかせて書くと、人間関係にひびが入ります。後々自分でも書いたことを後悔します。

手紙は書いてすぐに出すのではなく、一晩置くなどして頭を冷やす時間をとり、再度読み直してから投函しましょう。これはメールの場合も一緒です。


ビジネスの礼状などは、文書のひな型を作っておくと便利です。ビジネスシーンでは、文書のひな型をパソコンで作成しておいて、相手の名前など固有名詞や日時の部分のみ修正して使う人も多いでしょう。

そうした場合でも、自筆で一言メッセージを書き添えると、心のこもった印象になります。

旅先で買ったおみやげ、お歳暮やお中元、誕生日プレゼントなど、品物を贈るときも、自筆のメッセージを書いたカードや手紙などを添えましょう。

「短い手紙を書くだけでも時間がかかってしまう」「何をどう書けばいいのか、わからない」と悩んでいるうちに、「面倒くさいから、いいや」と思ってしまう人もいるかもしれません。悩むのは「できるだけ上手な文章を書こう」「センスのある手紙を書いて優秀な人と思われたい」など、少し背伸びをしてしまうからかもしれません。

「自分は文字が下手だから手紙は苦手」という人もいるかもしれません。

文字は下手でもいいので、丁寧に気持ちをこめて書いてください。その誠意は必ず伝わります。

感謝や御礼など、個人的な思いは
自筆の手紙で伝えるのがおすすめ。
ただし、出す前によく読み返すこと。
品物を贈る、ビジネスの手紙なども
一言書き添えると心がこもった印象に。

030

「断る」ようないいにくいことほど丁寧に言葉を尽くして、早く伝える

飲み会やイベントへのお誘い、仕事の依頼など、相手からの頼みごとを断る場合はできるだけ角が立たないように配慮しましょう。

20〜30代の女性社員の場合、ビジネスにおいて自分だけの判断で依頼を断ることは少ないかもしれません。頼みごとを受ける、受けないの判断は上司がするとしても、連絡の窓口であるあなたの断り方次第で部署や会社は評価されます。

上司が「ダメダメ、忙しくて、そんなの受けられないよ」といったとしても、それをその通りに相手に伝えるのはもってのほか。

「依頼を非常に感謝している、本当はその依頼は受けたかった、断らなければいけないのは非常に申し訳ない」という気持ちを丁寧に表現して、相手に「それでは仕方ない

な」と思わせる表現をするよう工夫してください。

「上司がダメといったから、ダメです」というのは、子どもと同じです。

もちろん、断りにくいから……と、ダラダラと返事を遅らせるのは一番よくありません。断るときほど、返事は早くするのが社会人としてのマナーです。

私は講演の依頼を受けることがよくありますが、先約があって受けられないときは、すぐにお断りします。そうすれば、相手も別の講演者を探すという次の行動がすぐにとれますから。

困るのが、「ご都合のよいときにお願いします」という依頼です。本当は断りたい内容でも、スケジュールをこちらに預けられてしまうと、なかなかきっぱりと断ることができません。そういうときは「ご依頼、ありがとうございます」と依頼に対する感謝をして、「では、またこちらからご連絡させていただきます」と返事をします。

その後、相手が何もいってこなければ、それで終わりです。

もし相手に、どうしても私に依頼したいという熱意があれば、しばらくして「先日お願いさせていただいた件ですが……」と再度、依頼の連絡があるでしょう。初めは「あまり気が進まないな」と思っていても、「先生のお話をぜひ聞きたいと待っている人がたくさんいます」などと繰り返し依頼されると、その情熱に心を動かされることがあります。自分が依頼する側になった場合も、断るときと同様に、心を尽くして表現することが大事。相手の心を動かし、「ＹＥＳ」という返事がもらえるかもしれません。

約束は先約を優先するのが礼儀です

約束は先約を優先するのが礼儀で、「気の合うメンバーも多く参加するし、後から誘われた集まりのほうが楽しそうだから」と、最初にした約束をキャンセルしてはいけません。「黙っていれば気づかれない」と思っても、悪事（？）は必ずバレます。あなたが先約をキャンセルして後からの誘いを受けたことは、いつしか周囲に知れ渡って「あの人は先約を平気でキャンセルするような礼儀知らずだ」と、信用を失くします。

「気心の知れた相手だから、ドタキャンしても気分を害さないだろう」と相手を軽く見るのもよくありません。相手が親しい人でも、いったん交わした約束を反故にされると、反故にされた側は「私との約束よりも、別の人との用事のほうが大事なんだ」と傷つくものです。

親しき仲にも礼儀あり。どうしても先約を断らざるを得ない場合は、嘘をつかず、でも相手の気持ちを傷つけないよう十分に配慮して事情を説明しましょう。

私自身、先約を優先するように努めています。部下との飲み会を予定している日に、とても興味のある人から会食に誘われても、「すみません。その日は部下との飲み会があるので」と断ります。そうしないと「ああ、この上司は自分たち部下との約束を平気で破る人なんだ」と思われて、部下の信頼を失くしてしまいます。でも、残念ながら、部下たちは私がそういう犠牲（？）を払っていることは知りません。

もし、大臣からお呼びがかかったのであれば、さすがに部下に「ごめんなさい！」といいますが、先約を断ってまで優先しなければいけない用事なんて、そうそうありません。先約の相手とあなたとの関係がどうであれ、約束は約束。

いったん約束した相手には礼を尽くすことが、あなた自身への信頼につながります。

依頼を断るときは、相手の気持ちを
害さないよう十分に配慮して、
すぐに返事をすること。
約束は先約を優先。後からの誘いに
乗り換えると信用を失くします。

031

自分がもてなす場合は飲みすぎないこと。可能なら、事前に相手の好みを調べたい

お酒が飲める・飲めない、好き・嫌いに関わらず、社会人になると就業時間以外の「お付き合い＝飲み会」に参加しなければならないことが多くあります。

会社の先輩や上司との飲み会では、適量を心がけることが何より大事。飲みすぎて自分の言動をコントロールできなくなるのは、もってのほか、社会人失格です。失言や失礼な態度が「酒席だから」と見逃されるのは、学生時代までと心得ましょう。

お客様をもてなすビジネスランチやディナーなど、いわゆる接待の場では自分の酒量と同時に相手の酒量にも気を配り、飲ませすぎない、相手を酔わせすぎないように心がけましょう。

ブリスベンの総領事を務めていた頃、私はお客様をもてなす機会が頻繁にありまし

た。楽しいとつい飲みすぎてしまうと心配した私は、宴席の前、給仕の人に「白ワインはグラスに1杯だけ、赤ワインはグラスに2杯まで。それ以上はグラスが空いても注がないでください」とお願いしていました。

お客様をもてなすホストは酔っぱらってはいけません。でも、冷めた目でお客様を眺めているのも場の雰囲気を悪くするのでよくありません。場の雰囲気を盛り上げつつ、ホストとしての役目もきちんと果たすための私の適量が「白ワイン1杯、赤ワイン2杯」だったのです。

「えっ、グラスに3杯？　結構飲むじゃないか」

と思われるかもしれませんが、総領事館で使っていたワイングラスはクラシックスタイルの非常に小ぶりなものだったことを、付け加えさせていただきます。

信頼関係を深めるのが目的、お酒やごちそうはおまけ

男性の中には、接待する相手を「酔いつぶした」と自慢する人、酒量が相手を上回ったことをまるで手柄のように吹聴する人もいます。それを聞いて、「私だって、お酒には自信がある」と真似するのは止めましょう。ビジネスの場で、相手を酔いつぶすよう

なことを女性は絶対にすべきではないと、私は思います。

その理由は二つあります。一つは、単純にビジネスでの酒席は、どれぐらいお酒を飲めるかを競う場ではないということ。もう一つは、いくら男女平等とはいえ、男性に許される行為の全てが女性にも許される訳ではないし、何より女性として品のいい行為とは思えないからです。

接待される側だって、相手に勧められるままに飲んで、酔っぱらったら後悔します。ましてや接待する側が女性だったら、男性ゲストはどう感じるでしょう？　お客様に後悔をさせるような接待をしてはいけません。

クライアントや仕事でお付き合いのある人と会食したり、お酒を飲むのは、相手との距離を縮め、信頼関係を深めるためです。おいしいものを食べたり、おいしいお酒を飲んだりするのは、そのおまけのようなもの。

接待の場はビジネスの延長です。ですから、接待する側の人間として、相手が気持ちよく酒食できる言動を心がけるべきです。「今日は接待だから、社内の飲み会では出ないようなごちそうが出る」「自腹ではとても行けないようなレストランで、高級なワインが飲める」などと、浮かれてはいけません。

また酒食を共にする時間を、より有意義なものとするためには、事前に相手のことをリサーチしておくとよいでしょう。

誰だって自分の興味のあること、好きな分野の話題であれば口も滑らかになります。「相手を立てる」というのは、「相手に話をさせること」。事前に相手がどんなことに興味があるか調べ、その話に合わせられるように勉強しておけば会話もはずみ、場も盛り上がります。ゲストの経歴・職歴、可能であれば家族構成や趣味なども、事前に頭に入れておくとよいでしょう。

最近はインターネットでゲストの名前を検索すれば、ある程度の情報を得られます。「備えあれば、憂いなし」、事前の情報収集や予習が思わぬ成果をもたらしてくれるかもしれません。

同僚や上司との飲み会、
接待の場は、仕事の延長です。
部下としての役割をきちんと果たして。
ゲストとの会話がはずむよう、
事前のリサーチを。

032

上司に「今日は無礼講」といわれたら、日頃いえない感謝の言葉をいってみよう

忘年会など、社内の飲み会で「今日は無礼講だから、多いに楽しみましょう」と上司からいわれることがあります。

無礼講というのは、上司や部下といった社内での地位や堅苦しい礼儀を抜きにして楽しむ宴席のこと。「そうか、今日は堅苦しいことをいわない無礼講の席か。じゃあ」と上司をお前呼ばわりしたり、失礼なことをいったり。ここぞとばかりに大騒ぎをしたりする人がいますが、それは大間違い。

「無礼講＝相手に無礼なことをしても構わない」

という意味ではありません。「地位が上の人も下の人も今日は一緒にリラックスして楽しみましょう」というのが無礼講の正しい意味。部下は目上の人に失礼のないように

気配りしながら、みんなが楽しめるように場を盛り上げるべきです。

たとえば、こんな場面を見たことがあります。

「いやあ、部長。あのときの部長の判断・指示は的確で尊敬しました」

「男が男に惚れるって、こういうことなんだなと実感しました」

などと、上司をとうとうとほめたたえるのです。横で聞いていると恥ずかしくなるようなお世辞ですが。つまり、男性部下たちにとって、無礼講の席というのは素面ではいえないこと、フォーマルな席ではいいにくいことをどんどんいって自分の存在をアピールする場、自分を上司に売りこむチャンスだといえるでしょう。

評価を上げるため頑張る男性、女性も恥ずかしがらないで

私はそんな場面に居合わせても、なかなかそれができず、「みんなよくやるなぁ」と感心するだけでしたが。

部下が上司をほめるというのは、いわゆる「ゴマすり」。よい印象を持たない人もいますが、ほめ言葉は人間関係を円滑にするための潤滑油という面もあります。

ひと昔前の男性社員たちは出世のため、仕事をうまく進めるため、仕事の場だけでな

く、飲み会というインフォーマルな場でも、あらゆる努力をしているのです。

「職場での自分の評価を上げるために、ゴマすりでも何でもできることは全てやる」男性たちの割り切りというか、覚悟はある意味あっぱれです。

そういう点では、私を含め、女性は大きく男性に遅れをとっています。しかし日本の一般企業では、仕事ができる・できないだけではなく、一緒に仕事をする仲間としていいヤツかどうかということが非常に重視されるので、実はゴマすりも大事なのです。

能力は高いけれど愛想が悪く、いつも口答えばかりしている部下と、多少能力は落ちるけれど、自分の指示には常に全力投球、なおかつ「尊敬しています」と言葉でも態度でも表現してくれる部下。あなたはどちらのタイプを自分の部下にしたいですか？

「飲み会の席でのゴマすりに効果があるの？」と疑問に思う人も多いでしょう。効果があるか、ないかは上司の性格などによって異なります。

誰しも、自分に好意を持ってくれる人や、一生懸命尽くしてくれる人はかわいいと思うもの。上司だって自分を一生懸命支えようとしてくれる、尽くしてくれる人を何とか取り立ててやろうと思うでしょう。

もちろん、本業の仕事をさぼったり手抜きをしたりして、口だけで上司に媚びるような人はダメ。「フォーマルな場＝職場」でも、「インフォーマルな場＝宴席」でも一生懸命ということがポイントになります。

たとえば権力者になってからの豊臣秀吉はわがままで傍若無人のいやな奴になってしまいましたが、織田信長に仕えていたころは、本当にかわいげのある部下だったと思います。信長の草履を自分の懐に入れて温めていたというのは、誰もが知っている有名なエピソードですが、部下にそこまでされていやな気持ちになる上司はいないでしょう。

無礼講といわれたら「さあ、チャンスが来たぞ！」と受け止めてください。

「いつもフォローしてくださり、ありがとうございます」と一言御礼をいうだけでも構いません。感謝の気持ちも、心の中で思っているだけでは相手に伝わりません。感謝の気持ちを素直に言葉にできる、かわいげのある部下になりましょう。

「無礼講」といわれたら、自分をアピールするチャンスと受け止めて。
上司をほめることも、ときには必要。
感謝の気持ちを素直に表現できるかわいげのある部下になりましょう。

033

誕生日のちょっとしたプレゼントは相手を日頃から見ている証拠になる

お世話になった人や目上の人へ、感謝の気持ちをこめて贈るお中元やお歳暮ですが、最近はそうした慣習はできるだけ控えようという風潮も広まってきています。

会社によっては、お中元やお歳暮などの贈答品のやりとりを禁止している場合もあり、それを無視して贈ると相手に迷惑をかけることになります。まず自分の勤め先での規定はどうなのかを調べたり、先輩方はどうしているのかなどを聞いたりして、マナー違反の行動をとらないよう気をつけましょう。

上司にお中元やお歳暮を贈る場合、値段はほどほどにすること。高額の品はかえって相手に気をつかわせてしまいます。またお中元やお歳暮は一度贈ると毎年贈るのが基本なので、続けても経済的な負担にならない範囲で考えるべきでしょう。

私の勤務する大学ではお中元やお歳暮だけでなく、年賀状のやりとりもしないという申し合わせがあります。それでも、誕生日にちょっとしたプレゼントを用意してくれたりすると、非常にうれしく感じます。それは「物をもらうから、うれしい」のではなく、「自分の誕生日を覚えてくれていた」ということがうれしいのです。

だからといって、「上司の誕生日は覚えておいて、何かプレゼントしろ」といっているわけではありません。職場は仕事をする場ですから、自分の仕事をきちんとしてくれるのが、上司にとって一番うれしいこと。誕生日やクリスマスにちょっとしたプレゼントを贈るのは、きちんと仕事をして、さらに余力がある人がやることです。

逆にいえば、「そろそろ上司の誕生日だな。今年はどんなプレゼントをしようか」と本来の業務以外のことを楽しめる余力を持って、日々の仕事もできたら理想的です。

周囲への気配り、心づかいが大事なのです

上司へのプレゼントは、高価なものである必要はありません。私は通勤時に歩くので、職場への往復はスニーカーを履き、職場に着いてからヒールのある靴に履き替えます。そんな私の普段の行動を知っている部下が誕生日にプレゼントしてくれたのが靴袋

でした。

また、私はおっちょこちょいなので、よく名刺入れを失くします。そんな私の姿を見ていた別の部下は、名刺入れをプレゼントしてくれました。プレゼントされた上司の立場からいわせてもらうと、「ああ、みんな私の普段の姿を注意深く見ていて、サポートしてくれているんだな」と非常にうれしく思いました。

バレンタインデーの義理チョコも、私は決して悪い風習だとは思いません。「義理チョコなんて、もらった上司だってどうせうれしくない」「上司のためにチョコレートをわざわざ買いに行くなんて面倒」と思う人もいるでしょう。でも相手への感謝や好意、女性らしい気配りを表現するいい手段、いい機会ではないでしょうか。

育児休暇を取って仕事を休んだ娘に、「職場に復帰するときは、手ぶらで行かないで。ちょっとしたものを職場のみなさんに配りなさいよ」と私はいいました。育児休暇は働く女性の権利ですから、別に御礼の品を配る必要はありません。

でも気は心で、「ありがとうございます」という気持ちをちょっとした品で表現しておくと、相手だって悪い気はしないものです。

とくに子育てしながら働く場合、「急に子どもが熱を出した」なんていうハプニングで後々職場に迷惑をかけることだってあります。ですから「ありがとうございます。

これからご迷惑をかけることもあるかもしれませんが、どうぞよろしくお願いします」、そんな言葉と共にちょっとした品を贈っておくと、職場復帰もよりスムーズにできるのではないでしょうか。

誤解してほしくないのですが、ことあるごとに、「職場の人に物を配れ」といっているわけではありません。そうした周囲への気配り、心づかいができる職業人であってほしいということ。

周囲の支えがあってこそ、という周囲への感謝の気持ちを忘れないでいてほしいのです。常に感謝の気持ちを持ち、それを素直に表現できたら、上司にとって最高にかわいい部下ですし、そんな部下を何とか助けたいと思ってくれるでしょう。

お中元やお歳暮を贈るかどうかは
職場のルールを確認して。
誕生日やバレンタインデーは
感謝の気持ちを表現するいいチャンス。
上司の日頃の行動をよく見て。

034

プレゼントとは、物だけではない。「相手をほめること」も最大のプレゼント

人からほめられるというのは、誰にとってもうれしいものです。

自分の仕事をほめられると、

「よし、また頑張ろう！」

と次の仕事へのモチベーションになります。またそれまで何とも思っていなくても、自分をほめて認めてくれた瞬間から、「いい人だな」と相手を好きになるものです。

「よくがんばってくれた。ありがとう」

そんな一言で部下がやる気を出して、上司に好意を持ってくれるのですから、ほめ言葉は出し惜しみせず、どんどんプレゼントすべきでしょう。

アメリカの経営学者ピーター・ドラッカーは、

「人の強みを引き出し、弱みを無視することが組織の役割である」

といっています。つまり人の短所ではなく、長所に目を向けろ、ということです。

人はつい相手の短所や欠点を指摘してしまいがちです。でも他人の欠点を指摘するあなた自身にも、やはり欠点はあります。欠点があるのはお互いさま。欠点を見つけてしまったら、片目をつぶってあげましょう。

ほめるときは、「自分から」どんどんほめよう

私自身、部下をほめるほうでした。というか、優秀な部下が多かったので、ほめ言葉が登場する機会が自然に多くなったのです。

自分では気づかないところを指摘してくれた部下には、

「さすが！　よく気づいてくれた」

「あなたがいてくれるから、うっかりミスが防げて本当に助かるわ」

ときちんと言葉で感謝の気持ちを表現していました。

失敗をなぐさめるのは、相手を傷つけないようになどの配慮が必要ですが、成功をほめるのは簡単です。たった一言のほめ言葉で人間関係がよりスムーズになり、職場の雰

囲気も格段によくなるのですから、ぜひ試してみてください。

部下も上司をほめてください。

「部下が上司をほめる？　それってゴマすりじゃないか」

なんて敬遠しないで。職場で心にもないことをいえといっているのではなく、上司のすばらしいところを見たら、それを素直に言葉にすればいいのです。

「そういうやり方もあったんですね。勉強になりました」

「さすがですね。私にはない発想でした」

そんな部下からのほめ言葉は、上司にとっても大きな励みになります。「いやあ、たいしたことはないよ」と口ではそんなふうにいって照れても、内心はうれしいのです。

「上司は仕事ができるのが当たり前」と思わず、いいところはほめてあげましょう。

普段から相手をよく見て、長所を見つけよう

新聞は情報の宝庫ですが、投書欄はさまざまな立場の人のさまざまな意見や考え方を知ることができる貴重なコーナー。

読んでいると「なるほど」と感心させられることが多々あります。ある福祉施設で働

いている人の投書で印象的だったものがあります。細部まで正確ではありませんが、こんな内容でした。

「上司が音頭をとって、あるとき同じ職場で毎日一緒に働く仲間の長所、すばらしいと思う点を書いて、お互いにプレゼントをするというイベントを行いました。すっと相手の長所が思い浮かぶ同僚もいれば、一生懸命考えないと、長所を見つけられない同僚もいましたが、他人に指摘されて初めて、『自分はこんなところが評価されているんだ』と、びっくりしたりうれしかったり。『自分の頑張りをみんな見ていてくれるんだ』ということがお互いにわかると、すごく勇気づけられたし、同じ職場の仲間としての絆も深まった気がします」

自分の頑張りが他人に認められる、評価されている、そしてそれをきちんと伝え合うことが大事だということを、この投書を読んで改めて痛感しました。

とくに、自分では気づいていなかった長所を他人から指摘されるのは、とてもうれしいことでしょう。

その人がどういうことで努力しているか、どういうことを大事に思って仕事をしているかは、その人を普段からよく観察しなければわかりません。

自分にしか興味や関心がない自己中心的な人は、他人が見えません。だから自己中心的な人は他人をほめることができないのです。

子育てと部下育ては、よく似ていると思います。どちらも相手のやることをよく見ることが大事ですし、ときにはほめ、叱り、その成長を見守るのが親や上司の役目。

相手が子どもでも部下でも、普段の言動を全く見ていなくて、いきなりほめようとしても通りいっぺんのほめ言葉しか出てこないでしょう。しかし頑張っている姿やプロセスを見ていれば、きちんと相手の心に届くほめ言葉が出てくるはずです。

他人をほめることができる人は、他人の力を認める能力を持っている人です。

ほめられるのを待つだけでなく、他人の力を進んで認め、自分からほめる姿勢を持つ、そんな人をぜひ目指してほしいと思います。

他人の欠点を指摘するのはやめて。
上司は部下の、部下は上司の
長所を見つけて、ほめましょう。
普段から相手の言動をきちんと見て、
自分からほめる姿勢を心がけましょう。

第5章

身近な人への気づかい

身近な人というのは、じつは一番気づかいが必要な間柄でもあります。そんな人たちへの気づかいを紹介します。

035

きれいな芝生の「色あせた部分」を認め、夫婦関係は折り合いをつけよ

「高学歴で一流企業に勤めていて、高収入がいい」

など、女性はさまざまな条件をつけて結婚相手を探します。でも、お金持ちで、誰もがうらやむような人と結婚しても、姑が口うるさくて大変ということもあります。

つまり、「100％満足できる相手と結婚した」と手放しで喜べる人なんて、この世にほとんどいないのです。

それにどんなすばらしい相手でも、一緒に生活していると欠点が見えてくるものです。「あれっ？」と思ったり、「こんなハズじゃなかった」とがっかりしたり。「こんな人だったかしら」とだまされたような気持ちになることもあるかもしれません。

また、日本男性は「釣った魚にはエサをやらない」タイプが多く、結婚した途端に態

度がガラリと変わってしまうこともあるでしょう。そこまであからさまではないにしても、暮らしているうちに相手の存在を当たり前に受け止めて、「ありがとう」という感謝の気持ち、「愛している」「大事に思っている」という相手への思いを表現しなくなる男性はたくさんいます。

「何才になっても、夫とは恋人同士のようでいたい」と望む人なら、そんな夫の言動の変化に落胆するでしょう。でもあなたの価値観を押しつけて、「何とか夫を変えよう」としてもうまくいきません。

「つかず離れず」の適度な『人間距離』のすすめ

読者の皆さんにはまだ遠い話かもしれませんが、「夫が定年になって、家にいると距離の取り方がむずかしい」とよくいわれます。私は夫との距離は「つかず離れず」が一番だとよくお話しします。車間距離ならぬ、適度な『人間距離《じんかんきょり》』が必要なのです。それは若い年代でも一緒。相手を束縛してはいけません。

親子は血がつながっていますが、夫婦は他人です。「夫なんだから、自分に合わせて」ではなく、「親しき仲にも礼儀あり」。夫婦だからこそ、意識して程よい距離をとり、お互いを思いやり、気づかい合いながら暮らしていくべきでしょう。夫婦がよい関係でつながるために必要なのは相手を応援し、理解する「友情のような気持ち」なのです。

きれいな芝生にも必ず「色あせた部分」があります。欠点や短所のない男性はいないのと一緒。また、芝生は年月が経てば傷んだり枯れたりするもの。理想の男性を選んだつもりでも、年をとれば色あせるのが当たり前。

でも色あせるのは相手だけではなく、自分自身も一緒なのです。

夫婦関係を続けたいのなら、相手の欠点や短所が見えたら片目をつぶってください。一緒に暮らしていると、どうしても欠点に目がいきがちですが、意識してでも相手の長所を見るように意識しましょう。相手への期待水準を低くするのも方法です。

「そんなこと、いちいちいわなくたってわかるだろう」「それぐらい、いわれる前にやってよ」など、夫婦喧嘩にありがちなセリフです。一緒に暮らしている夫婦だって、自分たちが思うほど、意思の疎通ができているわけではないのです。

たとえば「自分は仕事も、家事も育児も毎日頑張っているんだから、家族も多少のことは目をつぶってくれて当然」「私が忙しいのは家族みんながわかっている。だから家のことは助けてくれるはずだ」。これは働く女性にありがちな思いこみです。しかし、家族が本当にそう思ってくれているかどうかはわかりません。

職場ではチーム全員の意思を統一するため、仕事に取りかかる前に十分な打ち合わせをします。家族も夫、妻、子ども、場合によってはおじいちゃん、おばあちゃんなど、年齢も価値観も異なるさまざまな人が集まっているチーム。ですから本当は家族間でも打ち合わせやミーティングをして意思疎通をはかる時間が必要なのです。

たとえば、夫婦二人家族なら、お互いの誕生日や結婚記念日、子どもがいる家族ならお正月や夏休みなどみんなが集う機会に話し合う時間を持つとよいと思います。

節目節目で家族ミーティングをして自分の意向を伝え、家族の気持ちを聞いておくと、仕事と家庭の両立もよりスムーズにできるのではないでしょうか。

一緒に暮らしていると、
相手の欠点や短所が気になるもの。
適度な「人間距離」をとり、
お互いを思いやり、気づかいましょう。
定期的な家族ミーティングもおすすめ。

036

夫の親、親戚などは、「仲良くなれたら儲けもの」くらいの気持ちで接するといい

働く女性に限らず、世の妻の多くは「夫の両親や親戚とのお付き合いは苦手」といいます。しかし、年末年始、お盆休みなどに夫の実家に帰省したり、夫の両親や子どもの誕生日を一緒に祝ったり、親戚の行事に参加したり。離れて暮らしていても、親戚付き合いというのは結構あるものです。

結婚するとき、女性は結婚相手である夫のことしか見ていません。いえ、「見えていない」というのが正確かもしれませんね。でも、あなたに両親や兄弟姉妹、親戚がいるように、夫にも両親や兄弟姉妹、親戚がいます。

愛する人との結婚には、その両親、兄弟姉妹、親戚ももれなくついてくるのです。

「私は自分の親戚と付き合うのだって苦手。だから夫の親戚とは付き合いたくない」

なんていうわがままは通りません。

どうせ付き合わなければいけないのなら、余計な波風を立てないほうがいいのは職場の人間関係と一緒です。それに夫の両親や親戚と上手にお付き合いしていれば、不測の事態が起きたときや非常時に助けてもらえるかもしれません。

はなから「苦手」「絶対いや」と決めつけると、親戚の行事に参加するのがおっくうになります。また最初から集まりに不参加だと、「あいつの嫁は親戚の集まりを大事にしない」など、周囲に与える印象も悪くなってしまいます。最初は親戚に慣れる、自分の顔を覚えてもらうぐらいの気持ちで、積極的に参加しておいたほうがよいでしょう。

舞台で「嫁」という役割を演じる気持ちで

夫の両親や親戚と「親しく付き合わなければ」「嫁なんだから、こうしなければ」などというプレッシャーが強すぎると、つらくなります。うまく付き合うコツは、「相手に無理に合わせようとしない」「仲良くなれたら儲けもの」ぐらいの気持ちでいること。

「自分の実家とは、こんなところが違う」「家によって、いろいろな考え方があるんだな」と違いを前提としたお付き合いをすればいいのです。親戚は年齢、学歴、職業、価値観が異なる異質な人たちの集合体。「異文化交流」と前向きに受け止めましょう。

それでも気が進まないあなたに、もう一つアドバイスしましょう。

職場は上司や部下がそれぞれの役割を演じる舞台だというお話を前にしました。親戚付き合いも同様に、「嫁」という役を演じる舞台。「この集まりの時間だけ、〇〇家の嫁という役を演じればいいんだ」と思えば、少しは気がらくになりませんか?

自分の年齢や家族構成が近い相手とだけ仲良くなればいいなど、お付き合いのハードルを下げるのもよいと思います。誰か一人でも親しく話せる相手がいれば、親戚の集まりに出席するのもそれほど苦にならないでしょう。

親戚より距離が近い分、より厄介に感じるのが夫の両親です。夫の両親の前では、いい嫁を演じようと頑張りすぎないこと。「ダメでもともと」ぐらいの気持ちで、ほどよい『人間距離』を保って接するとよいでしょう。

しかし、現代は昔と違って少子化時代。嫁のあなたが距離を置きたくとも、可愛い息子や孫が気になって、お姑さんがあれこれ口や手を出してくることもあるでしょう。

そういうときは「余計なことをしないでください」ではなく、「ラッキー」と受け止めて。育児や家事などは、やる気のない夫に分担してもらうよりも、「やりたい」と手を上げてくれる夫の両親にお願いしたほうがお互いハッピーになれます。

女性が仕事も家事も育児も頑張るというのは、本当に大変なことです。手伝ってくれるなら、来るものは拒まず。自分の親であれ、夫の親であれ、手を貸してくれるなら「ありがとうございます」といって受け入れてください。

舅や姑に家事や育児を手伝ってもらうと、自分とは違うやり方をされることもあります。そういうときは、できるだけおおらかに受け入れてください。自分のやり方が絶対正しいわけではないし、自分のやり方で完璧な子どもになるとは限りません。

さまざまな育児のやり方、さまざまな経験をすることで、子どもはたくましく育ちます。また、数多くの人に愛されて育つのは、母親が働いている子どものメリットです。自分のスタイルを貫くことにこだわり、周囲のサポートを断らないようにしましょう。

親戚付き合いは『異文化交流』と前向きに。
夫の両親とは適度な距離で、
「来るものは拒まず」。
相手が手を出してきたら
遠慮せず手伝ってもらいましょう。

037

口うるさい親戚こそ実は一番の味方。陰口が聞こえてきても、「聞こえないふり」

直接にしろ、間接的にしろ「陰口をいわれた」経験は誰にでもあると思います。

陰口は会社でも、ご近所でも、親戚付き合いでもあります。「人の集まるところには、陰口あり」と覚悟していたほうがいいかもしれません。

「たいした仕事でもないのに、子どもや夫に迷惑をかけてまで、続ける必要があるのかしら」

仕事をしている女性なら誰でも、こんな陰口をいわれたことがあるのでは？

そんな陰口をいう親戚や近所の人に、いちいち反論するのはエネルギーの無駄使いです。反論して考えが変わるはずもありません。

聞いた瞬間はいやな思いをしますが、「聞こえないふり」「聞かなかったふり」をするのが賢い対応。右から左に聞き流して、できるだけ早く忘れてしまいましょう。

親戚の中には、

「いつまで仕事を続けるつもり。子どもが生まれたら、辞めるんでしょう」と面と向かっていってくる人もいるでしょう。そんなふうに面と向かっていってくる人の多くは、全く悪気がなく「自分では当たり前のことをいっている」つもりなので、余計に厄介です。

そうした意見に対して、いちいち、いい返していてはキリがありません。ましてや、相手を論破しよう、説得しようなどと間違っても思わないこと。自分と親戚とは価値観が違うのですから「そういう考え方もあるんだな」と話を聞くだけにしておくのが、正しい対処法です。

「ねえ、どうなのよ」「それでどうするつもりなの?」。親戚の中にはそんなふうにあなたに答えを求めてくる人もいるかもしれません。

「答えなくては」と、「私は自分のキャリアも大事にしたいんです。それにこれからの時代は、女性も仕事をして社会に貢献すべきです。母親が働く姿を見せるのも、子どもにとって教育になります」などと、バカ正直に自分の考えを述べる必要はありません。

あなたがいくら正論を述べたとしても、価値観が違うのですから、相手がその意見を受け入れることはないでしょう。それどころか、「何だあそこの嫁は。生意気だ」と、相手に陰口のきっかけを与えることにもなりかねません。

こういうときは「そうですね」「そうかもしれないですね」とさらりと受け流すのが大人の女性です。

口うるさい親戚が、あなたを助けてくれることも

口うるさい親戚は面倒くさいものですが、それだけ周囲の人を気にかけているということ。いろいろ口出しされるのはいやかもしれませんが、いざというときに「あら、それは大変！」とかけつけ、助けてくれるのも実はこういう人たちなのです。ですからやみくもに嫌ったり、避けたりしないで、付かず離れずの関係を続けておくのが正解。

親戚と付き合うコツも『適度な人間距離を保つ』、これに尽きるでしょう。もちろんあなた自身も余計なことはいわない、相手がいやがるようなことをいったり、したりしないよう十分気をつけてください。

そして夫側の親戚の陰口や悪口は、夫には絶対いわないこと。

他家からやってきた嫁にとっては「信じられない！」と驚くようなことも、夫の家や

親戚では「当たり前」ということがよくあります。自分では何気なく「これはおかしいね」と口にした言葉が夫を傷つけたり、ケンカの種になったりする場合もあります。

「夫は家族だから、自分の本音をいってもいい」

「家族には気をつかわなくていい」

というのは間違っています。家族にだって気づかいが必要。おじいちゃん、おばあちゃん、おじさん、おばさんなどたくさんの家族が一つの家で暮らしていた昔は、家族同士でお互いを気づかい合うのが常識でした。

「家族だから気をつかわなくていい」ではなく、「大切な家族だからこそ、相手を傷つけないよう、余計なトラブルを起こさないよう気をつかうべき」と心得ましょう。

陰口は聞き流してさっさと忘れる。
親戚に意見されても、
説得や論破をせず、さらりと受け流す。
夫の身内の悪口は、
絶対に夫にはいわないこと。

038

育児の目的は子どもが独り立ちでき、「挫折や失敗から回復する力」をつけること

近年、「小一プロブレム」という言葉が話題になりました。小学校に入学したばかりの一年生が授業中に立ち歩くなどして座っていられない、先生の話を聞くことができない、という状態が数カ月間続くことです。

原因は親の養育態度にあるといわれており、「先生の話を聞きなさい」「相手のことを考えなさい」という社会性を身につける教育をしていないことが一因だと指摘されています。親が子どもをしっかり躾できない時代になっているのかもしれません。

また、会社でもこんな例があります。

「風邪をひいたので今日は会社を休ませてください」

そんな電話を会社にかけてきたのは、当の本人ではなく、お母さん。

「20才を過ぎたいい大人が自分で電話もかけられないのか」

と驚きますが、最近、こんな話は珍しくありません。

「今日は会社に行きたくない」という子どもを叱るのではなく、「しょうがないわね」

と母親が受け入れていたりするのです。

打たれ弱いというか、精神的にひ弱な若者が増えています。ちょっと失敗したら落ちこむ、上司に叱られたら会社を休む、うつ病などの精神的な病を抱えたりします。

この最大の原因は、親の「甘やかし」です。

子どもが失敗したり、挫折して自信を失うことを恐れ、親が先回りして手を出して守る、それを親の愛情だと思っています。その結果、子どもは失敗や挫折に対する免疫力をつけられないまま。そんな状態で社会に出るのは、泳ぎ方を知らない人間をいきなり荒海に放りこむようなものです。

また、最近の子は男女を問わず、家で叱られていないので、叱られ慣れていません。そのため、上司に少し厳しいことをいわれると落ちこみ、「上司が自分を理解してくれない」と泣き言をいったりします。そもそも、上司に自分を理解してもらおうという考え方自体がおかしいのですが。

私は育児の最大の目的は、「子どもが独り立ちでき、挫折や失敗から回復する力」をつけることだと思います。家では子どもの自立心を促す教育を心がけるべきなのです。

社会に出れば「受け入れられるのが当たり前」ではない

子どもは子どもの人生を自力で生きていかなければいけません。受験もデートも就職活動も親が代わりにやることはできないのです。

子どもは成長すれば、親もとを飛び立っていく存在。いつまでも一緒にいられるわけではないのだから、親が覚悟を決めて子離れしないといけないのです。

社会に出れば、いろいろな人がいます。優しい人ばかりではありません。「口うるさい上司」や「意地悪な同僚」「自分勝手で思い通りにならない夫（あるいは妻）」「押しつけがましい姑」「無能な部下」……など、数え上げればきりがありません。そこでは、「自分が受け入れられるのは当たり前」ではありません。

社会経験がある人から見れば当たり前のことですが、甘やかされた子どもは、現実の厳しさにショックを受けます。「何とか頑張ろう」とか「受け入れられるように努力しよう」と思える子ならいいのですが、休んだり、辞めて職場を逃げ出すようでは社会でやっていけないでしょう。

親が「良かれ」と思い、至れり尽せりでしてきたことが、逆に子どもの自立を邪魔して、社会で生きることをむずかしくするのです。

親は子どもにのめりこみすぎてはいけません。子どもが自立できないばかりか、親自身も自立できなくなってしまうからです。よい親子関係を築きたいのであれば、親子であっても適正な『人間距離』を保つことです。

「なぜ、思う通りに育たないのか」

「なんでいうことを聞かないの」

と悩んだときは、子どもと少し距離を置いてみましょう。親子の間の風通しがよくなるうえ、物事を別の角度から見られるようになります。

親がすべてに手を出すのは、
子どものためにならない。
子どもは親元を離れていくもの。
子どもに「自立できる力」を
つけることが最高の教育。

039

「働いていること」を子どもに謝らない。やましさから子どもにお金を与えすぎない

「一緒にいてあげられなくて、子どもに申し訳ない」

働く母親の多くがそう感じるものです。とくに子どもが幼いうちは、母親の葛藤も大きいでしょう。しかし、そう感じても、それは心の中に留めておき、絶対に子どもにはいうべきではありません。母親が仕事をすることは、悪いことではないのですから。

「○○くんは学校から帰ると、おかあさんがおやつを作って待ってくれている」

そんなふうに子どもはよその家と自分の家とを比べて、よその家をうらやましがったり、自分の家や家族に不満を持ったりすることがあります。

そんなときは「よそはよそ。うちはうち」と、我が家には我が家なりのスタイルがあることをきちんと教えましょう。これは朝起きる時間、夜寝る時間、テレビを見る時

間、ゲームをする時間など、生活のすべてにおいて当てはまります。

よその家がしているからと、親が妥協してはダメです。

「どうしておかあさんはお仕事に行くの？　どうして家にいてくれないの？」

そう子どもにいわれても、落ちこまないでください。母親が仕事をしていることを、子どもがポジティブに受け止められるような説明をするとよいでしょう。

たとえば、「おかあさんは外でお仕事をしているの。お仕事をするとお金がもらえるから、夏休みにみんなで旅行に行けるのよ」「お仕事をしていると、○○の役に立って喜ばれるのよ」「お仕事をしていると、たくさんの人とお友だちになれて楽しいのよ」というふうに。

心理学によれば、「子どもに申し訳ない」などというマイナスの感情を抱くと、かえって子どもの精神状態に悪い影響を与えるそうです。できるだけお母さんが楽しそうにしているのが大事です。

罪悪感の代わりにお金を与えすぎない

子育てでぜひ守ってほしいのが、子どもに「与えすぎない」こと。とくにいけないのが、「お金をたくさん与えること」です。これは働く母親が陥りがちな罠です。

働く母親の心には「ずっと子どもと一緒にいてあげられない」という罪悪感がありま す。その罪悪感の代わりにお金を与えるのです。お金をたくさん与えて、子育てに成功 した例はありません。子どもをダメにするだけです。

我が家には二人の娘がいますが、「お小遣いを与えない教育方針」でした。子どもだ からといって「お小遣い」という名の「不労所得」が得られるのは、教育上、よくない と思ったからです。必要なものは申請すれば渡しますが、月々のお小遣いは与えませ ん。お手伝いをしてくれたら、「報酬」としてお金をあげるようにしていました。

当然、子どもは文句をいいます。

「みんながお小遣いをもらっているのに」

そのたび、私は聞き返していました。

「みんなって、誰と誰?」と。

そのうえで「○○くんの家はそうかもしれないけれど、おかあさんは必要ないと思 う。それが我が家のスタイル」と説明していました。

最近は子どもの貧困が話題になることも多いのですが、親の6~8割ぐらいは子ども にお金を与えすぎていると思います。

「魚を与えるより、魚の釣り方を教えろ」

これはぜひ子育て中の親に覚えておいてほしい格言です。

この格言の意味を説明すると、「子どもに魚を与えれば、おなかは満たされるが、その場しのぎでしかない。しかし、子どもに魚の釣り方を教えれば、自らの力で魚をとれるので、もう空腹で苦しむことはない」ということ。

私はここにもう一言つけ加えたいと思います。

「釣った魚をたくさん与えすぎると、魚は腐る」

物を与えすぎても無駄になり、物への感謝を忘れ浪費するということ。

だから子どもに、腐るほど物を与えるべきではないのです。

仕事をするのは悪いことではない、
それを子どもに伝えましょう。
「一緒にいられないから」と
お金を与えすぎると
子育ては失敗します。

040

「いい学校・大企業」はもはや幸せではない。子どもに真の力をつける教育を選ぼう

長らく、日本では終身雇用制度が一般的でした。入社した会社を定年まで勤め上げる、というスタイルが多かったのです。

「いい勤め先や大企業に入るには、一流といわれている学校を出なくてはいけない」と、みんなが偏差値の高い学校に入ることを目指し、受験戦争が激化しました。

しかし、近年、もはや終身雇用制度は崩壊しつつあり、リストラも横行する時代になりました。もはや「いい学校・大企業」が幸せを保証する時代ではなくなったのです。

最近は高校の進路を決める段階で、「資格が取得できる」とか「手に職をつける」ということを望む学生が増えてきました。たとえば、医療系や福祉系の資格は、女性がいったん仕事を中断しても復職しやすいという利点があります。看護師、薬剤師、理学

療法士、作業療法士、言語聴覚士、社会福祉士など医療系には、たくさんの資格があります。

「いい学校・大企業」が必ずしも幸せとはいえない時代に、親が子どもにそれを望むのは、親のエゴでしかありません。子どもの適性を見て、性格的に合った分野に進ませるのが一番賢い教育です。

丁寧な教育をしている学校を選びましょう

いい学校が幸せを保証するものではありませんが、「いい教育」はとても重要です。子どもにきちんと手をかけ、いいところを伸ばす。成功体験を積ませて、自分に自信を持たせ、他人をサポートできる力をつける、それが教育の目標です。

日本でいわゆる「いい大学」といわれるところは、ほとんどがマンモス校です。学生数が多いと、どうしても丁寧な教育ができにくいという短所があります。

その点、初めて昭和女子大学を見たときは、驚きました。じつに丁寧な教育が行われていたからです。

授業は少人数制で出欠もきちんと取る、卒業論文も書かせます。さらに、毎年1回、学科ごとに3泊4日の「学寮研修」という教員と学生の宿泊学習によるフィールドワークも義務づけています。

これは課題に合った学習をするとともに、小学校や福祉施設などの場所でボランティアや研修をして、必要なことを調べるもの。また、異文化に触れて国際感覚を養うため、アメリカのボストンに校舎を持ち、国際系の学科には留学を必須としています。

昭和女子大学は1949年に設立された伝統ある学校ですが、昔は「良妻賢母を育てる」という理念から、行儀作法や服装について厳しく指導していました。服装については昔ほど厳しくありませんが、基本的な礼儀作法は徹底的に指導します。

授業の最初には「おはようございます」「お願いします」、授業の最後には「ありがとうございました」と学生が立ち上がって教師に挨拶します。挨拶の習慣を身につけることで、大人になったときも抵抗なく、すっと人に挨拶ができるようになります。

女性もほとんどの人が働く時代になったため、大学もキャリア教育や就職支援に力を入れていますが、基本的なことが身についているせいか、就職率が非常に高く、就職先の企業からはいい評判をいただいています。

本学では、「勉強しなくとも単位がとれる」と学生に思わせないように、一年生の時点で厳しく指導するようにしています。朝の一時限目に必須科目を設定して、私自身も一時限目から授業を行いました。

親はこういった厳しい学校に子どもを入れたがりますが、子どもはマンモス校のほうを「楽しそう」「ラクできそう」という理由で選びたがります。しかし、学校は遊びでなく、勉強をする場所。私立大学だと、入学金や授業料を含めて何百万ものお金がかかるわけですから、きちんと勉強をさせる学校のほうがおすすめです。

大学は入学試験の偏差値によって、「一流校」とか「二流校」という評価をされますが、親が本当に目を向けるべきは、入学してからの教育の質とか内容だと思います。

「いい学校・大企業」にこだわらず、
子どもの適性に合った道を選んで。
偏差値よりも、
丁寧な教育をしている学校を選び、
子どもに生きる力をつけよう。

041

子どもの社会性を育てるため、祖父母など世代の違う大人とどんどん交流させよう

中学生や高校生くらいになっても、敬語を使うことのできない子どもが増えています。自分の友人と話すことができても、立場の違う大人とは丁寧な言葉で話せない、無理に話そうとしても舌がもつれたりする、というのは、ふだん敬語を使う機会がないからでしょう。

これは子どもが非常に狭い世界で生きているため。子どもは同じクラスとか学年とか、趣味が一緒など、共通点のある人とは仲良くしますが、それ以外の人とはなかなか交流しないもの。しかも、核家族化が進み、子どもが普段接する大人は、両親と学校の先生くらいということも少なくありません。

これは子どもにとっても、不幸なことです。子どもは世代や職業、考え方が違う人と

どう話をしていいかわからないまま育つからです。

子どもには「経験」をさせることが必要です。親が意識して、いろいろなコミュニケーションを体験させましょう。

近年は祖父母と同居している家は少なくなりましたが、おじいさん、おばあさんの家に子どもだけで泊まりに行かせましょう。

おじいさんやおばあさんから昔話を聞き、生活経験やしきたりを学ばせるのです。泊まって生活することで、家庭によってルールに違いがあることも学びますし、周りの大人たちの会話から、一つの物事にはいろいろな見方があることも理解できます。

「孫は来てよし、帰ってよし」という言葉があるように、祖父母にとって孫が来ることはうれしいもの。年を取ると子どもの相手はなかなか負担が大きいのですが、短い期間であれば、お互いに幸せな経験ができます。

「親以外に自分を愛してくれる人がいる」と思わせること

私自身、娘にも子どもを一週間くらいお姑さんのところに泊まりに行かせるようすすめています。

子どもにしてみれば、年配者と接するのはいい経験になりますし、何よりも愛情をもった人に接してもらうのは子どもにとって大事なことだからです。

「親以外にも自分を愛してくれる人がいる」という思いは、子どもの自尊心を満たし、心を豊かにしてくれます。親に叱られたとき、友だちとケンカしたとき、そういう逃げ場所があることは大事なことです。

祖父母が子どもを甘やかしたり、自分と育児方針が違うということもあるでしょう。しかし、目くじらを立てないことです。子どもにとっては、「そういう考え方もあるんだ」という経験をすることが重要だからです。

私自身は保育所で二人の娘を育てましたが、愛情を持ってくれる保育士さんに育ててもらったのは、子どもにとって非常にいい経験だったと思っています。

日本では核家族化が進む一方ですが、中国では女性も仕事を持つことが当たり前なので、夫婦は共働きが基本。

そのため、夫婦双方の両親が子育てに関わります。親類との付き合いも、日本とは比べ物にならないくらい濃密です。そのため、子どもたちは育つ過程で血縁のある大人たちからさまざまな知恵を学びます。

かつての日本も血縁や地域の結びつきが強い社会でしたが、いまではそのような縁は薄くなる一方。

マンションの隣の部屋に誰が住んでいるのかもわからないまま、ということも珍しくありません。

干渉してくる相手がいなくて自由かもしれませんが、子どもを育てる環境としてはふさわしくありません。人間関係の作り方を学ぶには、人間のなかに入らないとわかりません。子どもに社会性を与えるためには、祖父母、親戚、近所の人など、さまざまなタイプの大人に関わってもらうことがたいせつなのです。意識して、子どもをいろいろな人と交流させるようにしましょう。

子どもの社会性を育てるには、
さまざまな世代の大人と
交流させる経験が大事。
祖父母や親戚は、子育ての強い味方。
どんどん交流させるようにしましょう。

042

時間が少なくとも、密度を濃くして子どもに接する。「愛の言葉」は臆せず与えること

「仕事が忙しくて、子どもと一緒に過ごす時間がなかなかとれない」

「今朝、子どもがぐずっていたけど、自分が仕事に遅刻しそうだから、無理やり保育園に連れていった」

仕事をしながら子育てをすると、どうしても子どもの相手に時間をかけられません。時間のやりくりが厳しいなかで、子どもとの絆を作るにはどうしたらいいのでしょうか。

私も平日は時間がとれなかったので、週末にできるだけ子どもと一緒に行動するようにしました。週末も仕事の会合はありましたが、原則として家庭を優先したのです。そして、料理、掃除、買い物、洗濯などの家事をできるだけ娘たちと一緒に行いました。

幼い娘たちにすれば、普段家にいない母親が居るのですからそれだけで大喜び。一緒にやれば、家事も楽しいイベントとなります。

また、子どもと一緒にいるときは、愛情をたっぷり注ぐようにしました。「大好きだよ」「いい子だね」という「愛の言葉」を自分から臆せずにかけるようにしたのです。時間が短い分、密度を濃くしたのです。

「常に一生懸命やり、あきらめないこと」それでいい

それでも、思うようにならないのが子育てです。

親がどんなに愛情を持っていても、子どもが10代になるとやってくるのが悪魔の反抗期です。

「家事が下手」

「家族を大事にしない」

「子どもよりキャリアを優先した」

なかなか強烈な言葉です。

じつはこれは、10代の娘が私にいった言葉。正直、娘が中学生のときは、生意気なこ

とばかりいわれました。まさに、「家庭内批判勢力」です。

仕事が忙しく、娘たちに対して行き届かなかった面が多くあったのは事実です。確かに家事もあまり上手ではなかったでしょう。

１９９８年、私はオーストラリアのブリスベン総領事に就任します。このとき、長女はもう成人して就職していて、次女は中学生でした。次女を連れていくつもりでしたが、本人から断られてしまったのです。

「おばあちゃんと一緒に日本にいるから、ママだけ行ってらっしゃい」と。

高校受験を控えていたこともありますが、次女にとっては母親の私よりおばあちゃんのほうが身近な存在だったのでしょう。このときはさすがに傷つきました。まさに、「キャリアを優先した報い」です。

ところが、あるときから娘は私の生き方に理解を示してくれるようになりました。高校生になった次女は、夏休みにブリスベンに遊びにきました。このとき、私の友人に会い、「お母さん、こんなことしているのよ」とか、「がんばっているね」などという話を聞かされたようです。それ以来、少しずつ私に対する見方が変わったのです。

慣れない海外で仕事をしている「仕事人としての顔」を知り、母親を「ひとりの大人」として見るようになったのでしょう。それ以来、娘は目に見えて成長しました。

180ページで「子どもにはさまざまな大人との交流が大事」とお話ししましたが、娘が成長しただけでなく、私にとってもありがたい出来事でした。

今や娘たちも仕事を持ち、子育てをする立派な母親。保育所に子どもを預けて働いています。私の気持ちがわかるようになったのか、今では「一番の友だち」です。

あるとき、母の日に娘から「いままで意地悪ばかりいってごめんね」という言葉を書いたカードをもらい、現在も大事にとってあります。

どんなに一生懸命やっても子育ては思い通りにいかないし、自分の100%を注げないこともあります。不器用でもいいのです。常にあきらめずに一生懸命やること。その誠意は必ず子どもに通じるはずです。

子どもと接する時間が少なくとも
密度を濃くして、
子どもに「愛されている」という
実感を与えましょう。
不器用でも、一生懸命愛情を注ぎ続けて。

043

女性の話は「ただ聞くこと」に徹する。解決策の提示は余計なお世話と心得て

家庭を持ちながら働く女性は、多くの悩みを抱えています。

なかでも、妻の悩みで上位にあげられるのが、「夫婦のコミュニケーションがない」というものです。多くの女性は、自分の話を聞いてほしいもの。自分の苦労を「たいへんだね」と聞いてほしいのです。

しかし、世の夫の多くは、妻に悩みを聞かされると、自分が責められているように感じるようです。

妻が、

「今日、職場でこんなことがあったのよ」

「○○さんが意地悪だったの。ひどいでしょう」

などというと、自分が解決策を求められていると思い、うまく助言できないことにいら立ち、

「そんなこと、オレにいったってしょうがないだろう」

「オレにどうしろっていうんだ」

「じゃあ、辞めりゃあいいだろ」

という冷たい言葉を返しがち。

「夫は私に関心がないんだ」

「こんな人に話した私がバカだった」と妻は思い、夫に失望します。

そうして、夫婦関係はギクシャクするのです。

女性の話を聞くとき、パートナーは「頑張っているね」といってあげましょう。解決策や対応策はいりません。当の女性本人が、それを望んでいないのですから。

職場も夫婦も「一方通行」で成り立つ関係などない

こういうと、「じゃあ、聞いているふりをして、右から左に聞き流そう」という男性もいるでしょう。それもいけません。

相手が真剣に聞いているかどうか、女性は敏感に感じとります。「聞いたふり」の態度は、女性の怒りを買うだけです。

女性が話をするときは、相手に共感を持って受け止めてもらうことを求めています。厳しいことをいうようですが、結婚している以上、夫は愛情をもってパートナーの愚痴を聞くのが務めだと思います。


日本の男性の多くは、母親に大事に育てられるため、妻にも「母親」の役割を要求しがち。「妻は夫にサービスをするもの」「自分を煩わさない」「疲れているんだから余計なことをいうな」といった態度です。

それは日本の社会が男性を甘やかしているためだと思います。アメリカの男性は、「結婚をしたら家事や育児を分担するのは当たり前」という考え方です。これは国によって男の子の教育とか習慣に違いがあるためでしょう。

日本でも、女性の多くが仕事を持つ時代ですから、昔の「妻が男性にかしづく」というイメージの結婚はもう成り立ちません。

職場の人間関係と一緒で、夫婦も一方通行の関係などありません。

相手だけに一方的に世話を焼かせ、自分は感謝もしない、何の努力もしないのでは、夫婦関係が長続きするわけがありません。夫婦関係はガラス細工のような壊れ物です。大事に扱わないとすぐ壊れます。

最近、増えている「熟年離婚」は、妻が夫に三下り半を突きつけるケースが多いと聞きます。夫婦はお互いに協力しながら、人生で起こる困難を乗り越えてゆくチームのような存在。このような夫婦は、残念ながら、長い間に夫婦の友情や戦友のような愛情を作ることができなかったのでしょう。

最低限、夫は家を維持することに苦心している妻の努力を理解して、「自分はわかっている」「感謝している」と妻に伝えましょう。たとえ、家族といえども、「何もいわずに理解し合える」などということはないのですから。

女性の話は、愛情をもって真剣に聞くこと。
解決策はいらない。
妻に一方的な関係を要求しない。
夫婦関係を維持するには、
妻に感謝の気持ちを伝えること。

044

友人から受けた恩は忘れないこと。自分が友人にしてあげたことは忘れなさい

「情けは人の為ならず」という言葉があります。本来の意味を誤解している人も多いのですが、「情けをかけるのは人の為になるだけでなく、巡り巡って自分に返ってくる。人には親切にしなさい」という教えです。

人間は、自分が人にしてあげたことはよく覚えています。けれども、自分がしてもらったことは忘れがちな生き物です。しかし、友人とうまく付き合いたいなら、むしろ、この反対のことを行うべきでしょう。

自分がしてもらったことを忘れないために、友人がやってくれたこと、かけてくれたやさしい言葉などをノートやメモに記録しておきましょう。読み返すたびに自分がいかに友情に恵まれているか、どんなに幸せかを感じることができます。

反対に、自分が友人に何かをしてあげたとき、感謝や見返りを期待するのはやめましょう。「ほんの少しでも返ってくればよし」として、自分がしてあげたことは忘れるくらいでいいのです。

33才のとき、私はアメリカのハーバード大学に、一年間、研究員として留学しました。このとき、たいへんなお世話になったのが、ホストマザーであるメアリーでした。週末になると、私を家に呼んでくれ、手料理をご馳走してくれたのです。英語を教え、ドライブにも連れ出してくれました。名前もお金もない留学生の私に。

相手の傷、いいたくないことに無神経に触らない

メアリーが与えてくれたのは、「無償の愛」でした。家が裕福とか、余裕のある家庭ではありません。帰国が決まり、私はメアリーに御礼をいいました。「お世話になりっぱなしで申し訳ありません」と。すると彼女はこういいました。

「私に直接返す必要はないわ。あなたができるとき、できることを誰かにしてあげて」と。

よく、人間関係は「ギブ&テイク」といいますが、彼女の愛は「ギブ&ギブ」でし

た。「人に与えること」が彼女の幸せだったのでしょう。そんな彼女の温かさに触れ、いつか私も誰かの役に立てる人間になりたいと思ったものです。

いい友人関係を保つには、友人のために自分が何ができるかを考え、相手から頼まれたことはできるだけやってあげることでしょう。

大事なのは、「相手の長所には敏感に、欠点には鈍感になる」ことです。

相手の長所やいいところは、心から素直に認めること。とくに、本人も気づいていないような長所を見つけて、ほめてあげるといいでしょう。そして、相手の欠点や短所にはおおらかになることです。

しかし、これがなかなか難しいもの。人間は嫉妬深く、なかなか相手を認めることができません。さらに、自分の欠点には片目どころか、両目をつぶっているのかと思えるくらい鈍感なのに、人の欠点にはやたらと厳しいという性質があります。

だからこそ、これができる人の周りには、人が集まってきます。「人を大事にする人には、多くの人が集まってくる」というべきでしょうか。批判的であったり、人と張り合う気持ちを持つ人に、人は近づきません。

また、相手の傷に無神経に触るのもいけません。

人間は生きていれば、紆余曲折というか、調子の悪い時期があります。

たとえば、ご主人がリストラに遭った、子どもが受験や就職に失敗した、などというときは、誰もがそっとしておいてほしいもの。そんなときは、相手の心の整理がつき、声をかけてくるまで待つことです。相手が話したがらないことを無理にいわせてはいけません。

「友人なら苦しいときこそ寄り添うべきだ」という考え方もあるでしょう。でも、「今の姿を見られたくない」という人もいます。重要なのは「今相手は何をしてほしいのか」を心のアンテナを働かせて感じとり、友人としてできることをすることです。相手に「何かできることがあったらいってね」とメッセージを送ることもいいでしょう。

いい友人関係を保つには相手の長所に
敏感に、欠点には鈍感になること。
無神経に相手の傷にさわらない、
いいたくないことは無理にいわせない、
心のアンテナを働かせましょう。

045

年をとったら貯金より、「貯人」を。人生をより豊かに、ハッピーにしてくれる

日本は世界有数の長寿国といわれますが、２０１５年の簡易生命表によると平均寿命は男性がほぼ81才、女性が87才です。これだけ長生きになると心配になるのが、老後でしょう。新聞、雑誌などさまざまなメディアでは「老後にどれぐらいのお金を準備しておくと安心か」などの老後資金の特集が頻繁に組まれ、高い関心を集めています。

しかし、老後を豊かに過ごすために本当に必要なのは、貯金ではなく「貯人」です。「貯人」というのは、お互いに尊敬し信頼できる相手、心からの深い交流ができる相手と出会い、いい関係を作ること。これからの時代は「貯人」こそが、その人の人生の豊かさを決定する大切な要因になると私は思うのです。

「貯人」は人脈づくりとは違います。人脈というのは、仕事の上での情報源であり、

仕事で自分を支えてくれる人です。人脈を作るときは、相手がどんな組織に属していて、どんな地位にあるか、どんな学歴や経歴を持っているかを重要視します。

しかし、「貯人」ではその人の内面を重要視します。たとえば知性、センス、人柄、物事の良し悪しの判断基準など、一人の人間として価値が高いか、自分が真に尊敬できるかどうかが大事なのです。

偏差値、学歴、仕事の実績、趣味のレベルなど、人を評価する物差しはいろいろとあります。偏差値はその人の学力や知識レベルを測るのには便利ですが、人間としての価値を測ることはできません。

また、多くの社会人は、職場や組織の中で成功しているかどうか、どれぐらい影響力があるかで、その人の価値を判断しがちです。しかし、そうした価値や評価は、所属している組織を離れてしまうと、ほとんど意味を持たなくなるものです。

アメリカでは人付き合いの基本は、個人対個人です。ところが日本は「自分の仕事に役立つだろうか」という視点で相手を見て、値踏みすることが多いようです。相手をそのような見方しかできないのは、人として底が浅いと思います。

昔は血縁、地縁など人とのつながりが濃密でしたが、最近はこの2つが薄れ、残っているのは社縁、すなわち「職場縁」ぐらいです。しかし、退職したり肩書きをなくした途端、社縁や職場縁は消え、サーッと人が離れていきます。ですから仕事関係以外で、個人対個人の関係を丁寧に作っていくことが大事。それが「貯人」なのです。

コミュニケーションは「自分発」で行うこと

本当に人間的な交流ができる相手を「貯人」するため、まず年賀状や暑中見舞いなどをチェックしてみてください。社用の決まり文句が書かれた年賀状はビジネスの相手なので除外します。それ以外の、個人のネットワークこそが「貯人」につながります。

年賀状などを確認して、「貯人」が少ないと感じたら、まず自分から気になる相手に発信してください。相手からの発信を待っているだけでは、コミュニケーションは生まれないし、コミュニケーションがなければ「貯人」も増えていきません。もし気になる相手からすでにあなたに対して発信されていたら、それに誠実に応えましょう。

複数のネットワークに身を置くのもよい方法です。たとえば学生時代のネットワーク、趣味のネットワーク、働く母親同士のネットワークなど、会社の人間関係とは別のつながりを作ることで、生涯の友人が「貯人」できるかもしれません。

女性は一つのネットワークに集中して、身も心も捧げてしまう傾向があります。また集中しすぎて、そこでの人間関係に疲れてしまうこともあります。ネットワーク作りでは、特定の集まりに力を注ぎすぎないように気をつけましょう。

「もう関係ない」「忙しいからいいや」と同窓会のネットワークを簡単に切ってしまうのは、もったいないことです。「学生時代はとくに仲良しだったわけではないけれど、お互いに成長してから再会したら、親友になった」という例もあります。たとえ同窓会に出席できなくても、連絡先だけは知らせておきましょう。

女性はいつも一緒に行動したり、しょっちゅう会ったりするグループにこだわります。でも大人になればしょっちゅう会わなくても、いい人間関係を作れるもの。「ご無沙汰」を恐れず、「貯人」に励んでください。

「社縁」は、はかなく消えていきます。
心からの深い交流ができる相手を
「貯人」して、豊かな人生を送りましょう。
待つだけではダメ。
「貯人」を増やすには、自分から発信を。

おわりに

「大学を卒業したら、女性は就職する」

現代はそれが当たり前の時代になりました。

しかし、私が卒業したころは違いました。

「大学を卒業した女子、四大卒女子にはわが社にやってもらう仕事はありません」

私が大学を卒業したころは、それが普通でした。四年制大学を卒業した女性には民間企業への就職の門戸が開かれていなかったんです。

たまたま、私が卒業をする年に、総理府（今の内閣府）に運良く受かったことから、私は公務員の道に進みます。

一般の人には、あまり馴染みのない名前かもしれませんが、総理府とは総理大臣を長として内閣の重要政策に関する事務に携わる仕事です。

最初はお茶汲みやコピー取りなどのアシスタント業務から始めました。仕事ができることがうれしくて張り切っていたのですが、よく失敗もしていました。

毎日、「またやっちゃったの？」「はい、すみません」という感じだったのです。

それでも一生懸命取り組み、任される仕事も広がっていきました。そんななか、24才で結婚、26才で長女を出産しました。

まだ、今のように育休制度が整っていない時代でしたから、出産の前後に各6週間休んだだけですぐに復帰。

就職してまだ3年目でしたから、仕事そのものに自信が持てませんでした。周りの人にも信頼されていなかったと思います。

「子どもを産んだら仕事を辞めるんじゃないか」

「本当に仕事を続けていく気があるのか」

そんなふうに見られている気がしたのです。

女性が子どもを持っても働くこと、しかもキャリアとして働く女性に慣れていない、周りもどう扱っていいのかわからなかったのだと思います。

慣れない子育てをしながら、かなり無理をして働いていましたが、仕事も子育てもすべてが中途半端。「自分は何もできない人間だ」と悩みました。

それでも仕事を続けたのは、「自分は専業主婦には向かない。資格も特別な能力もあるわけではないのだから、一度仕事を辞めたら、再就職も転職もできない」

という思いがあったからです。

どんなに苦しくとも、

「自分にできることをやっていこう」

と思い、コツコツと仕事を続けることにしました。そうして現在まで40年以上仕事をさせてもらっています。


私たちの年代は、どんなに優秀で意欲があっても「長く働き続ける女性」は、非常に稀な存在でした。特殊な能力や専門性があり、働くことを支えてくれる家庭環境にないと仕事を続けることができなかったのです。

しかし、21世紀になって、女性を取り巻く環境は変わりました。経済の変化から、男性だけでなく、女性も働かないと家計を維持できない時代になったからです。女性は出産で一時的に休んでも、一生を通じて仕事をすることが前提となりました。

また、会社の倒産やリストラなど、不測の事態に備えなければいけない時代にもなりました。


大卒女性の就職の機会は広がり、産休や育休も制度が確立して、とりやすくなりました。私の時代にくらべたら、女性を取り巻く環境は「激変」したといえます。

しかし、意外にも、女性の仕事に対する意識は昔の「特別な女性たちのまま」ということが多いのです。

「自己実現ができる」

「やりがいがあって、能力が発揮できる」

そういう仕事を「キャリア」だと思っている人が多くいます。地味な仕事や地道な仕事は軽く見られがちです。しかし、「おもしろい仕事」は、スタートラインにあるわけではありません。地味な仕事や地道な仕事の先にあるのです。

これは男性にもいえることです。最初から理想的な仕事ができる人などいません。長い下積みを経て力を蓄えることで、大きな仕事ができるようになるのです。

そういう「仕事の土台」というか、「基礎」というべき考え方が今はないように思われます。

大事なのは、まずは下積みの期間に熱心に仕事に取り組むこと。本気で取り組み、続けることで力がつき、見えてくるものがあるからです。

「やりたい仕事ができない」

という理由で会社を辞めたり、転職する人がいます。

しかし、私から見れば、それは非常にもったいないこと。成長のチャンスを自ら捨てているのですから。そして、隣の芝生にもやりたい仕事は転がっていません。

やりたい仕事は、

「できたらラッキー」

であり、

「できるほうが珍しい」

くらいに考えておいたほうがいいでしょう。

それよりも、今与えられている仕事を頑張ってみてください。積極的に引き受け、120パーセントの準備をしてこなすのです。そうすることで、上司の評価がついてきて、次の仕事を任されるようになります。

もう一つ大事なことは、周りに対する「気づかい」を磨くこと。

組織全体を支えるため、自分に何ができるかを考え、その役割を果たすこと。上司や周りの人を立て、自分は裏方に徹すること。後輩には親身になって教え、上司には育てられるばかりでなく、上司を助けること。できることはたくさんあるはずです。

それができるようになれば、あなたは評価され、頼りにされる人になるでしょう。責任のある仕事も任されることでしょう。

自分の経験からいえることは、

「20代は失敗しながらも自分の得意なものを見つける」

「30代は得意なものを育てて、自分のコアになる強みとしていく」

「自分はこれができる」

ということが通用するようになるのは40代です。

また、40代は管理職として部下の能力を伸ばすことも必要となる年代です。

一番苦しいのは、20代のときです。

しかし、ただただ熱心に目の前の仕事に取り組むこと。どんなに失敗しても、あきらめずに続けること。それによって、道を開くしかないのです。

坂東眞理子

| 著者略歴 |

坂東眞理子（ばんどう まりこ）

昭和女子大学総長
昭和女子大学理事長

1946 年、富山県生まれ。東京大学卒業後、69 年、総理府入省。
内閣広報室参事官、男女共同参画室長、埼玉県副知事などを経て、
98 年、女性初の総領事（オーストラリア・ブリスベン）に。
2001 年、内閣府初代男女共同参画局長。03 年に退官。
04 年、昭和女子大学女性文化研究所所長、07 年から 16 年まで学長。
14 年から理事長、16 年から総長と理事長を兼務。
24 才で結婚、26 才で第一子、37 才で第二子を出産。
女性としてのふるまい方をエッセイ風に説いた著書の『女性の品格』は
300 万部を超えるベストセラーとなり、大ブームを巻き起こした。

出版プロデューサー　平田静子（ヒラタワークス）
取材・編集　植田晴美
装丁・本文デザイン　宮下ヨシヲ（サイフォン グラフィカ）
編集　山浦恵子（リベラル社）
編集人　伊藤光恵（リベラル社）
営業　三田智朗（リベラル社）

編集部　渡辺靖子・廣江和也・鈴木ひろみ
営業部　津田滋春・廣田修・青木ちはる・中村圭佑・三宅純平・栗田宏輔・髙橋梨夏

仕事も人間関係もうまくいく **大人の気づかい**

2016年11月29日　初版

著　者　坂東眞理子
発行者　隅田直樹
発行所　株式会社 リベラル社
〒460-0008 名古屋市中区栄 3-7-9 新鏡栄ビル8F
TEL 052-261-9101　FAX 052-261-9134
http://liberalsya.com
発　売　株式会社 星雲社
〒112-0005 東京都文京区水道 1-3-30
TEL 03-3868-3275

ISBN978-4-434-22715-8